TRADING INTRADÍA
GUÍA

UN CURSO CRASH PARA APRENDER TÉCNICAS OPERATIVAS AVANZADAS Y CONSTRUIR SU ESTRATEGIA DE INVERSIÓN, MODELADA EN SU NIVEL DE EXPERIENCIA Y SU CAPITAL

"Day Trading Guide"

(Spanish Version)

Escrito por:

ARTURO GARCIA

Table of Contents

Introducción

El trading intradía es una de las cosas más difíciles, si no la más difícil, que emprenderás en tu vida. Por lo tanto, la necesidad de practicar no debería ser una sorpresa. A continuación, voy a cubrir las 10 razones por las que debe practicar el trading intradía.

El trading intradía es súper rápido

Talk about knocking it down first in the post, but the daily trade is very fast. He hecho de todo, desde swing trading, inversión a largo plazo y trading intradía, y con diferencia el trading intradía requiere un conjunto único de habilidades. Si piensas en el ajedrez, ¿cuál es una forma de aumentar el nivel de dificultad del juego? Usar un cronómetro para limitar el tiempo que necesitas para hacer un movimiento. Aquí es donde surge la verdadera habilidad porque entran en juego la intuición, la experiencia y la repetición. Pues bien, el mercado no es diferente. Si tengo unos días para analizar una posición, puedo elaborar un buen plan de trading con apuntes para mí. Si opero durante el día, solo puedo tardar entre unos minutos y unos segundos en tomar una decisión. Entonces, ¿crees que los jugadores de ajedrez empiezan a jugar con un temporizador de 1 minuto? Obviamente no. Por lo tanto, ni siquiera deberías terminar en el mercado con tu dinero ganado con esfuerzo, tratando de hacer algunas transacciones inofensivas. Tómate el tiempo de practicar el trading intradía para desarrollar las habilidades necesarias para entrar en este campo.

Practicar el trading intradía en respuesta al mercado

El mercado es un ser vivo real. Aunque tengas un registro de algunos movimientos de precios, cada día es único. Tendrás que ver cómo reaccionas cuando se emita la cinta y se muevan las acciones. Una cosa es limitarse a mirar los gráficos antiguos, y otra acostumbrarse a escuchar al mercado. Gran parte del trading intradía es intuición. Esta es la parte de tu caja de herramientas de trading que no puedes cuantificar y es única para ti y tu estilo de trading. Esto te permitirá aprender cómo reaccionan las acciones cuando el mercado, en general, realiza movimientos repentinos en ambas direcciones.

Aprenda a gestionar su dinero

Una cosa que se dice es que no se puede practicar el trading intradía en un simulador porque no es dinero real. Hasta cierto punto, esto es cierto. Pero si hubiera un incendio, ¿sabrías a dónde ir?, ¿sabrías qué camino debes seguir para salir del edificio?, ¿sabrían tus profesores cuánto tiempo tardarían en sacar a todos los niños?, ¿esperarían a los bomberos donde deben estar durante un determinado periodo de tiempo?

Por eso tienes que aprender a gestionar tu dinero. Tienes que acostumbrarte a calcular las ganancias y las pérdidas mentalmente. Hay que aprender a operar de forma efectiva con margen. Hay que evaluar con rapidez los ratios de compensación de riesgos y ejecutar solo las mejores oportunidades, ya que hay 5 para elegir al mismo tiempo. Ahora, puedes leer esto y decir, bueno, no es dinero real todavía, así que no voy a tomarlo en serio, y sabes qué, te reservas el derecho a tomar esa decisión madura. Pero para mí, personalmente, siempre quiero saber qué hacer en caso de incendio.

Descubra cómo gestionar las operaciones ganadoras y perdedoras

El trading es excelente cuando se gana dinero. La belleza de estar en una posición perdedora es que me humilló rápidamente en cuestión de días. Lo más importante que sé y que aprenderé a desarrollar con el tiempo es que debes olvidar a los perdedores y a los ganadores en el momento en que cierres tu posición. Llevar tus rencores personales a la siguiente operación solo te perjudicará porque hay nuevos participantes en el mercado en cada acción. Por lo tanto, practicar operaciones te permite acelerar el ritmo. Cuando digo ritmo, me refiero al ciclo de negociación. Algunos ganan, otros pierden, pero hay que aprender a afrontar cada operación con una mentalidad positiva y unos principios de trading sólidos. Este es otro de esos conjuntos de habilidades que provienen de la pura repetición. Solo tienes que hacer una operación horrible después de ganar 15 directamente, para así darte cuenta de que la pésima operación no requiere que empieces a psicoanalizar tu infancia.

Necesitas 10.000 horas de práctica

Lo sé, lo sé, así que seré breve. Los estudios han demostrado que es necesario practicar algo durante 10.000 horas antes de convertirse en un experto. Piensa en tus trabajos o carreras personales. Si eres un ejecutivo, los empleadores exigen de 10 o 15 años de experiencia en la búsqueda de empleo. Si haces cálculos sencillos, un equivalente a tiempo completo por año es de 2.000 horas. Así que, si realmente lo piensas, los empleadores están diciendo que deberías tener entre 20.000 o 30.000 horas de experiencia antes de permitirte dirigir un departamento. Pues bien, adivina qué, lo mismo ocurre con el trading intradía. La formación en horas extras te permitirá aumentar exponencialmente el tiempo necesario para alcanzar ese nivel de experto con 10.000 horas.

Entiende que no todos los gráficos van a la luna

Al principio de mi carrera, habría rastreado el mercado en busca de configuraciones específicas que hubieran dado beneficios significativos. Identificaba un modelo concreto con los mismos indicadores para encontrar ese punto débil. Después de configurar mis ajustes históricamente, estas clasificaciones ganadoras parecían estar en todas partes. El problema era que cuando intentaba hacerlo en tiempo real, las cosas no funcionaban como se esperaba. El trading intradía actual se hace con ordenadores y el nivel de los juegos en progreso en términos de rupturas falsas es una locura. Lo que me enseñó a practicar el trading intradía es que es más importante reservarse las ganancias de las operaciones sencillas que tratar de sacar la bola de jonrón con apuestas valientes y arriesgadas. Éstas me llevan a las fases lunares del trading; estas operaciones arriesgadas solo pagarán entre el 10 o 20% de las veces, así que deja de esperar a que ocurra cada vez que operes. Concéntrate en el ritmo de solo ganar en operaciones sencillas y cuando una gran operación venga, lo sabrás.

Descubre tu estilo de trading intradía

Personalmente creo que, como adultos, somos responsables de nuestras decisiones en la vida. No debes culpar a tus padres o a algunos sucesos que te ocurrieron en 3er grado de por qué haces ciertas cosas en tu vida. No intento descartar el impacto de las experiencias vitales, pero lo que digo es que podemos elegir hasta qué punto dejamos que influyan en nuestra vida.

Pues bien, para el trading intradía, creo que en su mayor parte es más fácil no "hacerse cargo" de la estrategia de trading y dejarla en manos del experto. La mayoría de la gente va a entrar y luchar por armar un sistema: eso resultará en parálisis por análisis en el mejor de los casos. Así que, irá a Google, hará algunas búsquedas y voilá, ahí encontrará un amistoso "experto en trading intradía" listo para venderle las llaves mágicas de la tierra prometida. No te estoy juzgando; he gastado miles de dólares en cursos de otras personas, con la esperanza de encontrarme a mí mismo. Lo que me he dado cuenta es que estos cursos son las reglas de otras personas. El trading requiere que entiendas lo que funciona para ti. Adivinen qué, gente, esto conlleva trabajo. Literalmente, te llevará miles de horas modificar y reoptimizar para entender lo que corresponde a tu ADN de negocios. La razón por la que elegí seguir mi camino fue cuando estos sistemas empezaron a fallar, ¿a quién empecé a culpar? Adivinaste bien, al hombre detrás de la cortina que me vendió este excelente curso. Por favor, hazme un favor y sáltate todo este dolor. No digo que no puedas recoger los principios fundamentales de otros traders intradía, pero tienes que definir tu metodología tú mismo. Solo tú puedes hacerlo, así que cuando las cosas vayan mal, no culpes a papá o mamá, mírate al espejo.

Necesitas más repeticiones

Si alguna vez has intentado entrar en un equipo deportivo, te habrás dado cuenta de que los entrenamientos solo duran un cierto tiempo cada día. Por lo tanto, tienes una ventana limitada para demostrar a tu entrenador que tienes lo que se necesita para ser un miembro del equipo. Como solo intercambiamos buds por la mañana, tengo un máximo de 2 o 4 intercambios que puedo hacer en un día determinado. Me llevaría algo más de 2 meses tener 100 intercambios para analizar.

Demuestra que puedes ser un trader intradía

El estudio del mercado no es otra cosa que el mariscal de campo del lunes. Empiezas a decirte a ti mismo: "yo habría podido estar en esa operación y hubiese ganado esta suma de dinero", pero estás mirando hacia atrás en las viejas listas de cosas que ya se han jugado. Sin embargo, en un entorno de simulación de mercado hay un enorme valor para ti, con datos reales que te proporcionan todo lo que necesitas para ganar dinero. A fin de cuentas debes creer que, independientemente de tu formación, educación o edad, podrás hacerlo. Si practicas el trading intradía el tiempo suficiente, llegarás a ese punto en el que podrás decirte a ti mismo: "Soy un trader intradía profesional".

Vea el tiempo que puede esperar para realizar operaciones diarias

Qué mejor manera de verlo tú mismo que ir a un simulador e iniciar el balance de la cuenta con el dinero que tienes a mano. Dependiendo de tu sistema y del tiempo que lo tengas, puedes tardar unas semanas o meses en simular un año natural completo. Al final del año, después de considerar las comisiones y los gastos de mantenimiento, ¿cuánto dinero te queda? La práctica puede empezar a dar respuesta a algunos de estos aspectos confusos del trading intradía.

Aviso de exención de responsabilidad

Los futuros, las acciones, las opciones y el mercado de divisas presentan grandes oportunidades de rendimiento potencial, pero también un gran riesgo. Debe ser consciente de esto y estar dispuesto a aceptarlo para operar con éxito en los mercados de futuros, acciones, opciones y mercado de divisas. Nunca opere con dinero que no pueda permitirse perder. Esta publicación no es una solicitud ni una oferta para comprar/vender futuros, acciones, opciones, mercado de divisas o cualquier otro instrumento. La información presentada tiene únicamente fines educativos. No hay ninguna garantía de que se produzcan beneficios o pérdidas similares a los que se exponen en esta publicación. Los comportamientos pasados de los indicadores o la metodología presentados no son necesariamente indicativos de resultados futuros. Los consejos y estrategias contenidos en esta publicación pueden no ser adecuados para su situación financiera. En su caso, deberá consultar a un profesional. El autor no será responsable de ninguna pérdida u otros daños comerciales, incluidos, entre otros, incidentes especiales, daños consecuentes o de otro tipo.

Capítulo 1: ¿Qué es el trading financiero?

Al igual que cualquier otra inversión en la que pueda participar, el trading intradía está diseñado para obtener beneficios al final del día. Puedes convertirlo en una carrera de éxito que te sirva para mantener tu modo de vida.

Hay algunos debates acalorados entre diferentes personas, con la preocupación de si se puede generar un ingreso sostenible con el trading. Bueno, yo diría que es posible, puesto que ya hay individuos que viven literalmente de ello. Creo que la forma en que elegimos operar tiene un impacto significativo en los resultados que obtenemos al final de la operación. Uno de los factores más significativos que contribuyen al éxito del trading es tener la información correcta. Tómate el tiempo necesario para obtener la información adecuada desde el principio. Es posible que hayas comenzado tu carrera de trader recientemente. Pero tu voluntad de aprender te diferencia del resto. Como cualquier viaje, el objetivo es llegar al destino. Tu modo de transporte puede variar, y eso supondrá una diferencia en el tiempo que tardarás en llegar y en la comodidad que obtendrás. Lo mismo ocurre con el trading intradía. Algunas personas ganan fácilmente con ello y, al mismo tiempo, hay quienes se arrepienten mucho de haberse dedicado al trading en primer lugar.

Elige el camino que deseas tomar al comenzar tu carrera de trading. Puede que los años de experiencia no importen, pero la determinación que tengas de aprender te hará llegar más lejos. Las estrategias por las que decidas decantarte determinarán el resultado de la mayoría de las operaciones que realices. Como buen trader, necesitas tener un buen plan que te ayude mientras operas.

Ahora, te encontrarás con algunos consejos que harán que tu carrera de trader valga la pena. Tienes que estar abierto a los desafíos que encontrarás. Hay algunos riesgos que expondrán tu operación a la posibilidad de sufrir una pérdida, y tienes que estar abierto a la idea. Al mismo tiempo, debes estar familiarizado con los diferentes planes de gestión de riesgos en los que puedes participar para asegurarte de que te resulta fácil gestionar los riesgos con los que te encuentras. El trading no es una empresa fácil en la que se pueda disfrutar y salir con beneficios. Los esfuerzos que realices para perfeccionarte en el trading te distinguirán del resto y garantizarán que te convertirás en un mejor trader.

Hay algunos momentos en los que te sentirás orgulloso de las decisiones que has tomado, y otras veces, no haberlas hecho nunca esas decisiones. Tienes que estar bien con la idea de que puedes obtener una pérdida o una ganancia. He descrito algunos de los consejos que puedes utilizar para asegurarte el éxito en tus operaciones. Con el plan y la estrategia adecuados, podrás vivir del trading intradía.

El trading intradía es una inversión rentable, y es mucho lo que puedes ganar como trader. Las diferentes estrategias de trading y el plan de trading te ayudarán a mantenerte en la cima. En el libro he tratado de proporcionar información que te ayudará a convertirte en un mejor trader. No te prometo que sea un viaje fácil. Los pasos que des para convertirte en un mejor trader te distinguirán a pesar de los baches con los que te encuentres. Cualquiera puede realizar una buena operación siempre que tenga la actitud adecuada.

Arturo Garcia

Capítulo 2: Psicología en trading

Trading con emociones

Es común que los traders tengan sus emociones y sentimientos revueltos cuando hacen trading intradía, por las subidas y bajadas que experimentan en el mercado. Esto dista mucho de la imagen de confianza que un trader suele tener antes de la apertura de los mercados, rebosante de entusiasmo por el dinero y los beneficios que pretende obtener. Las emociones en el trading pueden estropear y perjudicar tu juicio y tu capacidad de tomar decisiones acertadas. El trading intradía no debe llevarse a cabo sin emociones, sino más bien como un trader. Debes saber cómo sortearlas, haciendo que trabajen para tu bien. Hay que mantener una mente clara y estable en todo momento, tanto si los beneficios van en aumento como si se está en una racha de pérdidas. Esto no significa que, como trader, debas desconectarte de tus emociones. No puedes evitar las emociones, pero ante los escenarios reales del mercado, hay que aprender a trabajar sobre ellas y en torno a ellas. El tipo de personalidad de un trader juega un papel muy importante a la hora de determinar qué tipo de trader es. Los traders cautelosos se dejan controlar principalmente por el miedo a la hora de abrir operaciones, mientras que el tipo arriesgado está en el carro de la codicia. El miedo y la avaricia son motivadores tan grandes que van muy lejos cuando aparecen en el panorama las pérdidas y las ganancias.

Codicia

Como trader puedes sentirse impulsado a ganar más dinero al comprobar los saldos en tus cuentas y ver que son de un nivel bajo. Si bien esto puede ser una motivación para trabajar duro, algunos traders lo llevan demasiado lejos, queriendo ganar mucho dinero y entonces cometen errores mientras operan que tienen efectos inversos a los previstos. Tales errores incluyen un exceso de operaciones, tomar riesgos innecesarios, entre otros.

Tomar riesgos innecesarios

La codicia por conseguir más dinero tratará de convencerte para que asumas riesgos que no merecen la pena con el fin de alcanzar un determinado umbral financiero en la cuenta de trading. Lo más probable es que esto acabe en pérdidas. Los traders arriesgados pueden tomar riesgos como un alto apalancamiento, que esperan que funcione a su favor, pero que al mismo tiempo puede hacer que tengan grandes pérdidas.

Hacer un Overtrade

Debido a la necesidad de ganar más y más dinero, podrías extender tus operaciones durante largos períodos de tiempo. Comúnmente, estos esfuerzos son inútiles, porque la sobre operación a través de los máximos y mínimos del mercado pone al trader en una posición en la que sus cuentas pueden ser aniquiladas debido a la codicia. No tener en cuenta el hecho, el tiempo para operar y lanzarse a abrir operaciones sin haber hecho un análisis, muy probablemente resultará en una pérdida.

Comprensión inadecuada de las pérdidas y ganancias

Al querer ganar mucho dinero en un corto periodo de tiempo, un trader no cerrará una operación perdedora, manteniendo las pérdidas, y por otro lado, se sobrepondrá a una operación ganadora hasta que se produzca un retroceso en el mercado, anulando todas las ganancias obtenidas. Es aconsejable maximizar y especializarse en una operación exitosa y cerrar una operación perdedora con suficiente antelación, evitando pérdidas mayores.

Miedo

El miedo puede funcionar en ambas direcciones, como límite para una operación excesiva, o también como límite para obtener beneficios. Puedes cerrar una operación para evitar una pérdida, acción motivada por el miedo. También puedes cerrar una operación demasiado pronto, incluso cuando estás en una racha de ganancias, por miedo a que el mercado se invierta y haya pérdidas. En ambos escenarios, el miedo es el motivador, trabajando en evitar el fracaso y éxito al mismo tiempo.

El miedo a fracasar

El miedo a fracasar en el trading puede inhibir a un trader de abrir operaciones, y limitarse a ver como el mercado cambia y va en ciclos sin hacer nada. El miedo a fracasar en el trading es un inhibidor del éxito. Impide que un operador ejecute lo que podría haber sido una operación exitosa.

El miedo a tener éxito

Este tipo de miedo en la psicología del trading hará que pierdas tus ganancias en el mercado cuando había una oportunidad de hacerlo de otra manera. Funciona de una manera auto-perjudicial en los escenarios del mercado. Los traders temen tener demasiadas ganancias y dejan correr las pérdidas, siempre conscientes de sus actividades y de las pérdidas que van a tener.

Propensión en el trading

Hay varias propensiones de mercado que un trader puede tender a hacer y que pueden ser el resultado de un juego de emociones, y que te aconsejo evitar. En la psicología del comercio, estas propensiones pueden influir en un trader para tomar decisiones imprudentes y no calculadas que pueden resultar deficitarias. Incluso cuando las propensiones de trading están en el punto de mira, como trader, tienes que ser consciente de las emociones que hay en ti e idear formas de mantenerlas bajo control y mantener la cabeza fría en tu ventana de trading. Entre ellos se encuentran la propensión al exceso de confianza, la confirmación, el anclaje y la pérdida.

Propensión al exceso de confianza

Es un hecho común en los traders, especialmente en los nuevos, que cuando se hace una operación con grandes beneficios, se entra en euforia debido al estado de ganancia. Quieres seguir abriendo operaciones, con la creencia de que tu análisis no puede salir mal, reduciéndose a las ganancias y beneficios que has obtenido. Este no debería ser el caso. Tú, como trader, no puedes estar demasiado excitado y confiar demasiado en las habilidades de análisis como para creer que no puedes tener pérdidas. El mercado es volátil y, por lo tanto, las cartas pueden cambiar en cualquier momento, y cuando lo hacen, el trader demasiado excitado y confiado pasa a estar decepcionado. Analiza bien el mercado antes de abrir cualquier operación, independientemente de las operaciones anteriores, ya sean de pérdida o de ganancia.

Propensión a la confirmación de las operaciones

En la psicología del trading, la propensión a la confirmación de una operación ya realizada, justificándola, es uno de los factores que hacen perder mucho tiempo y dinero a los traders. Este tipo de propensión se asocia sobre todo a los traders profesionales. Después de realizar una operación, vuelven a evaluar y analizar la operación que acaban de realizar, intentando demostrar que fue la correcta, si navegaron de acuerdo con el mercado. Pierden mucho tiempo buscando información que ya conocen. También podrían estar probando que el error que cometieron al abrir una operación equivocada y hacer un movimiento erróneo fue correcto. Sin embargo, el sesgo en la confirmación se produce cuando una operación que hicieron resulta ser correcta, y esto refuerza su determinación en sus habilidades de investigación, empujándolos aún más en la pérdida de tiempo en demostrarse a sí mismos los hechos ya conocidos. También podrían perder dinero en el proceso, por lo que es aconsejable que evites esta forma de propensión en el trading.

Propensión al anclaje en estrategias obsoletas

Este tipo de sesgo en la psicología del trading se aplica a los traders que confían tanto en información obsoleta y en estrategias obsoletas que hacen más daño que bien a su éxito en el trading. El anclaje en la información correcta pero irrelevante cuando se negocia puede hacer que el comerciante sea susceptible de sufrir pérdidas, un golpe para los traders que siempre son perezosos para buscar nueva información sobre el mercado. Mantenerse al día con los acontecimientos y factores actuales que pueden tener un impacto en el mercado es uno de los aspectos clave para tener una carrera comercial exitosa. Los traders perezosos se cansarán de estar al tanto de las situaciones económicas e incluso políticas en curso cuya influencia se ejerce sobre el mercado de divisas. Un ejemplo de esto es que algunos traders tendrán una operación perdedora, pero su esperanza es que los mercados reviertan sus suposiciones basadas en información y estrategias obsoletas. Lleva a cabo una investigación exhaustiva, teniendo en cuenta que no te lleve demasiado tiempo, para asegurarte de que realizas operaciones de acuerdo con los datos correctos.

Propensión a evitar pérdidas

Operar con el motivo de evitar pérdidas suele reducirse al factor miedo. Hay algunos traders cuyos patrones de negociación y ventanas de negociación están controlados por el miedo a tener pérdidas. Tener ganancias y obtener beneficios no es una motivación para ellos cuando el miedo les impide abrir operaciones que, de otro modo, podrían haber sido rentables. También cierran las operaciones demasiado pronto, incluso cuando obtienen beneficios, en un intento de evitar las pérdidas, sus pérdidas imaginables. Después de llevar a cabo un análisis adecuado y detallado sobre el mercado, sal a generar ganancias sin ser disuadido con el sesgo de evitar una pérdida porque eso es lo que detiene a muchos traders. Elabora un plan sobre tu trading intradía para resolver las dudas sobre las operaciones que vayas a realizar.

La psicología afecta a los hábitos de los traders

Los aspectos psicológicos afectan a los hábitos en el trading, los errores y estrategias ganadoras que se le pueden ocurrir a un trader. A continuación, se explican los hábitos negativos de muchos traders, con la influencia de la psicología en sus hábitos.

Hacer trading sin una estrategia

Sin una estrategia y un plan de trading, un trader se enfrentará a retos sin tener un lugar donde referirse al resultado final previsto. El trader debe elaborar una estrategia adecuada que le sirva de punto de referencia cuando se enfrente a un problema en el mercado. Debe ser un plan claramente construido, que detalle qué hacer en determinadas situaciones y qué tipo de patrones de trading emplear en diferentes escenarios. Hacer trading sin una estrategia es como operar para perder su dinero.

Falta de planes de gestión monetaria

Los planes de gestión monetaria son uno de los principales aspectos del trading, y sin estrategias sólidas en este sentido, es difícil avanzar en la obtención de ganancias en las operaciones abiertas. Como trader, tienes que cumplir con ciertos principios que te guiarán en cómo gastar tu dinero en la cuenta en la apertura de operaciones y asegurar que los beneficios se derivan de ello. Sin planes de gestión monetaria, un trader estaría operando a ciegas sin un objetivo final en mente, arriesgando el dinero en operaciones no rentables.

Querer tener siempre la razón

Algunos traders siempre van en contra del mercado, imponiendo su deseo de cómo les gustaría que este se comportara. No siguen las señales, sino que siguen su propia filosofía, sin hacer un análisis adecuado y queriendo tener siempre la razón. Las pérdidas se derivan de estos hábitos psicológicos. Cuando la ventana de trading se cierra, el mercado siempre se impone a los traders. Así, el deseo del trader de tener siempre la razón contra el mercado queda revocado.

Capítulo 3: Lista de control en el trading y registros

Construir un plan de trading

Nunca hay dos planes de trading iguales porque ningún trader es exactamente igual. Desarrollarás tu propio plan basándote en la experiencia, y podrías hacer cambios sutiles o incluso grandes durante un periodo de tiempo. El plan tendrá en cuenta tu experiencia, tu tolerancia al riesgo, tu disposición a ser honesto contigo mismo y lo bien que aprendes a adaptarte para sobrevivir. Aquí tienes una lista de cosas que puedes considerar:

1. Nivel de habilidad, experiencia y práctica

¿Estás preparado para operar? ¿Has probado el uso de los gráficos de velas, el indicador MACD (Moving Average Convergene Divergence), y has practicado lo suficiente como para sentir cierto ritmo en los movimientos del mercado? El trading es una batalla de toma y daca, así que prepárate para ello. Si practicas antes de utilizar dinero real, mejorarás muy rápidamente al principio.

Mantener un buen registro de operaciones es esencial, a veces encuentras ajustes fáciles de hacer, e identificas áreas a las que necesitas pensar más y tener más experiencia. Si eres nuevo en el trading online, disfrutarás aprendiendo a usar el software, leyendo los gráficos y practicando tus ideas sobre el trading en tiempo real con cotizaciones en vivo. La curva de aprendizaje puede ser como un videojuego. Al principio, te familiarizas con el programa y aprendes cómo funcionan todos los controles. Pronto, mejorarás y las cosas que te costaron al principio se convertirán en algo natural.

Cuando empieces a sentirte preparado para operar, pon tus operaciones de práctica en el registro de operaciones. Anota las cosas que debes buscar más tarde, o las preguntas sobre tu software, o el uso de los gráficos de velas y el indicador MACD. Te recomiendo que elijas el NASDAQ100 Micro. El DJIA solo cuesta 50 centavos por punto, pero es un índice muy estrecho y las noticias sobre una acción pueden realmente empujar el mercado de forma inesperada. También me gusta el S&P500 Micro pero el valor en dólares se mueve 2,5 veces más rápido que el NASDAQ100; son 5$ y 2$ respectivamente por punto. Utilizar el NASDAQ100 tiene 2 ventajas (en mi opinión) sobre el aprendizaje con el S&P500 Micro; la cantidad de fluctuación en dólares es menor y el NASDAQ100 no está impulsado principalmente por acciones financieras. Por supuesto, puedes probar cualquiera de los 4 que quieras; simplemente creo que aprender con uno de ellos al principio, es menos confuso y 2$ por punto es menos arriesgado que 5$.

2. Determina y establece tu nivel de riesgo

Por ejemplo, puedes decidir no arriesgar más del 1 o 5% del saldo de su cuenta en un solo día. Si pierdes esa cantidad durante un día, probablemente sea mejor dejar de operar y esperar a probar otro día. Operar mientras estás emocionado puede sesgar tu formación y tu juicio.

3. Establece objetivos y parámetros de riesgo-recompensa

Piensa seriamente en la relación riesgo/recompensa que vas a establecer. Por ejemplo, podrías decidir que no harás una operación a menos que sientas que la recompensa es al menos 3 veces el riesgo (relación 3:1.) Muchos textos instan a los principiantes a establecer metas semanales, mensuales y anuales de inmediato. Personalmente, creo que es mucho mejor saber más sobre el trading que estás haciendo y conseguir algo de experiencia antes de apresurarte a ponerte esas exigencias. Los objetivos están muy bien, pero hay que adquirir algo de experiencia antes de darse cuenta de lo que puede ser realista.

4. Tareas previas al trading

Antes de empezar a hacer trading, comprueba lo que está ocurriendo en el mundo. Averigüa qué informes y eventos económicos y sus horarios de publicación. Hay muchos servicios gratuitos que publicarán y/o te enviarán por correo electrónico una lista adecuada de los eventos del día, normalmente a primera hora de la mañana. Estos pueden incluir reuniones, eventos de noticias, reuniones de la Reserva Federal, guerras/acciones militares, acuerdos comerciales e informes económicos.

5. Reglas de salida

Lo más difícil para casi todos los traders es aprender a salir de una operación con pérdidas. Debes aprender a tomar las pérdidas antes de que se conviertan en grandes pérdidas. No aprender a ser capaz de tomar una pérdida es la razón número uno por la que los traders salen del negocio. Anota tu punto de salida para evitar una gran pérdida cuando hagas una operación. Puede que no te des cuenta, pero los traders profesionales pierden más operaciones de las que ganan.

Cuando hagas un objetivo de beneficio, protégelo. No se lo devuelvas al mercado. Una vez que hayas aprendido los fundamentos y que, gracias a la práctica, hayas ganado algo de confianza, avanzarás a hacer trading con varios contratos a la vez. Los contratos múltiples ofrecen algunas ventajas en la gestión monetaria. Por ejemplo, si estás haciendo trading con 2 contratos y alcanzas tu objetivo de ganancias, puedes tomar ganancias en uno de esos contratos y mantener el otro. Operar con 2 contratos es una opción que puedes utilizar, cuando poner una orden de *trailing stop* sería demasiado ajustado.

6. Establece las reglas de entrada a la operación

Aunque las reglas de salida son más importantes, deberías empezar a formar tus reglas de entrada en las operaciones. Aquí hay algunos ejemplos de cómo puedes formar tus propias reglas:

- En un día de tendencia BAJA, no trataré de operar en los giros intradía ascendentes. (Esto sería ir en contra de la tendencia más fuerte del día; lo que se traduce en un mayor riesgo). Por el contrario, en un día de tendencia ALTA, no operaré giros intradía a la baja.

- Si me pierdo un movimiento repentino y rápido del mercado, probablemente no debería apresurarme a hacer una nueva operación sin pensarlo bien. A menudo, durante un día, se produce un movimiento repentino e inesperado; estos a menudo se exageran, y puedo quedar atrapado en el "rebote" (también conocido como: latigazo cervical).

- No empujaré una operación solo porque me aburro o impaciento.

- Podría esperar hasta que los puntos de resistencia/soporte, los gráficos de candelabros y el MACD coincidan antes de realizar una operación, y conoceré mi límite de salida antes de realizar una operación.

Encontrar un punto de entrada para una operación es la parte más difícil del trading. Lo que funciona perfectamente un día puede no funcionar en absoluto al siguiente. Los ordenadores suelen operar mejor que los humanos; de hecho, casi el 50% de las operaciones bursátiles de la Bolsa de Nueva York son realizadas por ordenadores mediante algoritmos, y aun así pierden en más de la mitad de las operaciones. Uno de los canales financieros describió recientemente un algoritmo de trading por ordenador que se activa a partir de palabras preseleccionadas en tuits y titulares de noticias durante la jornada.

La parte psicológicamente más difícil del trading es el día en que tienes 3 operaciones perdedoras seguidas. Esto a menudo te hará cuestionar la eficacia de tus métodos de negociación y destruir tu confianza. Por lo general, la peor reacción que puedes tener es olvidar toda tu experiencia y tus reglas, y empezar a operar al azar (sin reglas). Recuerda que tu primera responsabilidad es proteger tus activos. Sustituir la esperanza por la frustración puede dañar seriamente el saldo de tu cuenta. Algunos días, descubrirás que el mercado simplemente no está funcionando para ti a pesar de tus mejores esfuerzos. Es mejor parar y volver al día siguiente antes de que tus pérdidas se acumulen. Nunca he conocido a un trader que NO haya tenido días así; los traders que perduran aprenden a lidiar con esto. No podrás evitar experimentar esta sensación.

Ninguna cantidad de indicadores de cambio, los mercados de conmutación, o la búsqueda de nuevas estrategias y métodos, te podrán aislar jamás de estos días. No dejes que estos días malos te obliguen a operar al azar o a acumular pérdidas. Recuerda que la esperanza no es una estrategia. El éxito te encontrará atravesando estos días, no rodeándolos (lo cual es inútil). Este tipo de días forman parte del trading, los reconozcas o no. Me acuerdo de las palabras del difunto David Foster Wallace:

"No hagas tu sistema demasiado complicado porque vas a tomar decisiones rápidas. Si tienes 10 o 20 condiciones que deben cumplirse, te resultará difícil y casi imposible realizar operaciones".

Arturo Garcia

Capítulo 4: Las mejores estrategias y técnicas para comenzar en el trading intradía

Estrategias de trading para principiantes

Antes de que te veas envuelto en un universo imprevisible de indicadores excepcionalmente técnicos, céntrate en las tuercas y tornillos de una estrategia básica de trading intradía. Muchos piensan erróneamente que se necesita una estrategia excepcionalmente confusa para tener éxito, sin embargo, con frecuencia cuanto más clara, es más poderosa.

Lo básico

Consolida los componentes inestimables que hay debajo de tu estrategia.

- **Gestión monetaria:** Antes de empezar, apóyate. Recuerda que los mejores traders no pondrán más del 2% de su capital en riesgo por intercambio. Es necesario que te prepares para ciertas desgracias antes de que los éxitos comiencen a llegar.
- **Gestión del tiempo:** No esperes hacer una fortuna en el caso de que solo asignes 1 o 2 horas cada día al trading. Tienes que examinar los mercados y estar atento a las aperturas de bolsa continuamente.
- **Educación:** Entender las complejidades del mercado no

es suficiente, además necesitas mantenerte actualizado. Asegúrate de estar al tanto de las noticias del mercado y de cualquier acontecimiento que pueda afectar tu ventaja, por ejemplo, un movimiento en un acuerdo financiero.

- **Consistencia:** Tienes que dejar que el cálculo, el razonamiento y tu estrategia te dirijan, no los nervios, el miedo o la insaciabilidad.

- **Tiempo:** El mercado será inestable cuando abra cada día, y teniendo en cuenta que los traders intradía consumados podrían tener la opción de examinar los ejemplos y beneficiarse, deberías esperar tu oportunidad. Por lo tanto, mantente al margen durante los primeros 15 minutos, ya que a pesar de todo has avanzado horas más allá.

- **Cuenta de demostración**: Es un requisito incuestionable para cualquier principiante, pero, además, el mejor lugar para respaldar la prueba o explorar diferentes vías con respecto a las nuevas o refinadas estrategias de los traders de vanguardia. Muchas cuentas de demostración son ilimitadas, por lo que no tienen límite de tiempo.

Estrategia basada en la técnica "segmentos que toda estrategia necesita"

Independientemente de si busca estrategias de trading intradía robotizadas o estrategias a pie y a propulsión, tendrá que tener en cuenta 3 aspectos básicos: la volatilidad, la liquidez y el volumen. En caso de que vayas a ganar dinero en desarrollos de poco valor, elegir las acciones correctas es crucial. Estos 3 componentes te ayudarán a decidirte por esa elección.

- **Liquidez**: Esto te hace entrar y salir rápidamente de las bolsas a un coste atractivo y estable. Las estrategias de los productos líquidos, por ejemplo, se concentrarán en el oro, el petróleo crudo y el gas inflamable.

- **Volatilidad**: Esto te revela tu capacidad latente de beneficio de ejecución. El mercado de divisas digitales es uno de esos modelos que destaca por su alta volatilidad.

- **Volumen**: Para los traders intradía, esto se llama "volumen promedio de trading intradía". El alto volumen te permite saber que hay un entusiasmo crítico por la ventaja o el valor. La expansión en el volumen es, en tanto que ocurra frecuentemente, un indicador de un salto de valor ya sea hacia arriba o hacia abajo, que se acerca rápidamente.

El punto de ruptura. Tus pérdidas

En el momento en que se intercambia en el borde, eres progresivamente impotente contra los desarrollos de valor agudo. De hecho, esto implica el potencial de ganancias más notable, pero también implica la posibilidad de grandes pérdidas.

En el caso de las posiciones largas, puedes colocarlas por debajo de un mínimo continuo. También puedes hacerla depender de la volatilidad.

Una estrategia habitual es establecer 2 *stop-loss*. En primer lugar, se coloca una solicitud de *stop-loss* física en un nivel de valor determinado. Además, haces un *stop-loss* psicológico.

Capítulo 5: Trading intradía vs. Swing Trading

La mayoría de las empresas de los mercados financieros están familiarizadas con los diferentes horarios que pueden tener los traders en el día a día, por lo que todas las acciones del mercado se clasifican según sus traders.

Los traders se agrupan en 2 categorías:

- Swing traders
- Traders intradía

Los Swing Traders son aquellos que compran acciones que no son rápidamente perecederas y por lo tanto permanecen en el mercado más tiempo.

Los traders intradía buscan en el mercado algo que se mueva rápidamente y tenga un alto índice de volatilidad.

Esta distinción hace que los diferentes tipos de trading sean aplicables a aquellos que están en el mercado. La forma de identificar qué valores son adecuados para el trading intradía o el swing trading depende de la información obtenida de las diferentes plataformas.

Las diferentes plataformas web son perfectas para esta difusión de información, ya que se actualizan regularmente y obtienen información directa de las empresas y los grandes inversores.

También existe una gran diferencia financiera entre el trading intradía y el swing trading, y todos estos nichos son analizados.

Trading intradía vs. swing trading

Justo cuando pensabas que estabas dominando el trading intradía, descubres que existe otro tipo de trading. El swing trading es otra forma de trading que realizan las personas que no tienen tanto tiempo como los traders intradía.

Similitudes

Aunque hay más contrastes, también hay algunas similitudes entre estas 2 modalidades:

- El trading intradía y el swing trading son fáciles de seguir y graficar de forma regular. Su actividad en el mercado es manejable, y las estadísticas están bien documentadas regularmente.
- Siempre existe la posibilidad de obtener grandes beneficios en función de los valores más importantes del mercado. Cuando el gráfico de los valores más importantes han estado en constante ascenso, tanto los traders intradía como los swings traders están obligados a cosechar grandes beneficios.
- No hay límite en el número de valores. Sin embargo, tendrás que atenerte a la regla del máximo de dólares de *stop-loss*. Ambos tipos de trading permiten la compra de

las acciones que son viables, y esto es esencial ya que utilizan diferentes marcos de tiempo para el seguimiento.

- Los dos tipos de trading pueden realizarse en las mismas plataformas, y las transacciones siguen siendo las mismas.

- Tanto en el trading intradía como en el swing trading existe la posibilidad de hacer un seguimiento en tiempo real del comportamiento de las acciones a voluntad. Existen los límites y los temporizadores que puede establecer el trader para que se activen en el momento del análisis.

Diferencias

Como se ha dicho, todos los traders se agrupan en 2 categorías: swing traders y traders intradía.

- El trading intradía es para personas impulsivas y con un alto nivel de disciplina. Los swing traders tienden a ser más cautelosos y tardan mucho en tomar decisiones, de ahí la cantidad de tiempo que emplean.

- El trading intradía se basa principalmente en la obtención de beneficios, a diferencia del swing trading, que se realiza para identificar las oscilaciones de las acciones y los acontecimientos en el mercado de divisas durante un periodo de tiempo.

- Cuando se trata de riesgos, el trading intradía es el que más conlleva. Por lo tanto, estos traders tienen que invertir mucho tiempo en los mercados debido a la longevidad de sus acciones. El swing trading solo conlleva el riesgo de mantener la cantidad en el mercado durante mucho tiempo.

- El trading intradía puede retroceder con un corte de luz, mientras que el swing trading continuará incluso después de que vuelva la luz. Por lo tanto, uno debe tener constantemente un acceso a internet de reserva o una forma alternativa de comunicación en sus acciones.

- El trading intradía es a tiempo completo, mientras que el swing trading no tiene por qué serlo.

- El trading intradía rara vez trabaja con valores de alto valor y se centra más en empresas pequeñas y minoristas, mientras que el swing trading se centra principalmente en valores pertenecientes a empresas corporativas.

- Un swing trader es capaz de concentrarse en su tiempo libre personal y probablemente fortalecer sus habilidades de trading a diferencia de un trading intradía. El trader intradía siempre se apresura a obtener el máximo beneficio del máximo número de acciones que ha comprado para perfeccionar sus habilidades.

- Los swings traders salen perdiendo en caso de caída del mercado, mientras que los traders intradía terminan con todo al final del día. Esto requiere mucha fe en que sus acciones se pagarán y no se agotarán.

Estrategias utilizadas en el Swing Trading

El swing trading viene con diferentes oportunidades y también con frecuentes sustos. Estas operaciones se realizan en mercados inestables, y muchas veces el mercado puede derrumbarse con todos esos dólares invertidos en él.

Su ventaja es que utiliza marcos de tiempo más largos para hacer el seguimiento, por lo tanto, uno puede manejar un trabajo de tiempo completo, a diferencia de los marcos de tiempo más cortos en el trading intradía. De modo que, para evitar cualquier escollo, te aconsejo probarlo primero en una cuenta de demostración mientras aprendes el funcionamiento.

En el swing trading no hay necesidad de seguir preocupándose por las operaciones realizadas. El marco de tiempo largo te permite dedicarte fácilmente a otras cosas mientras esperas a realizar tu operación. Este tipo de operación es muy conveniente, ya que da espacio para la flexibilidad. ¿Te gustaría un tipo de operación que te diera libertad? ¿Sientes que no necesitas seguir preocupándote por los movimientos que haces, ya que te sientes seguro en tus operaciones? ¿Te gustaría participar en una operación que te diera libertad? ¿Quieres estar en un punto en el que puedas llevar a cabo tus otras actividades mientras sigues haciendo trading? Para estos casos, el swing trading actuará como un trabajo secundario que te proporciona un ingreso. Puedes hacer otras cosas mientras realizas swing trading. Es como matar 2 pájaros de un tiro.

El swing trading también se experimenta mejor una vez que se ha dominado el arte de la gestión monetaria para poder proyectar los beneficios de forma inteligente. Este tiempo avanzado en el mercado te ayudará a identificar los patrones en las acciones, y esto mejorará tu capacidad de toma de decisiones. En cualquier negocio de inversión, la gestión del dinero importa mucho.

Hay negocios que empiezan muy bien y acaban fracasando. Te sorprenderá saber que no fracasan por falta de una buena estrategia. En cambio, fracasan debido a una mala gestión monetaria. Cualquier empresa que aspire a obtener más beneficios, a medida que avanzan los años, tiene que examinar con detenimiento cómo gestiona sus finanzas. He conocido casos en los que las empresas empezaron bien para acabar fracasando antes de dar un paso más. El blanqueo de dinero ha afectado a muchos negocios hasta el punto de cerrarlos. Una vez que sepas cómo dedicarte al swing trading, asegúrate de gestionar tus finanzas. Esto garantizará que tomes mejores decisiones mientras realizas diversas operaciones. Con una buena estrategia de gestión monetaria, es más fácil progresar en el swing trading.

Descubrirás que duplicarás fácilmente tus beneficios con esta estrategia.

Debido a los marcos de tiempo más largos hay que tener un modo de comunicación fiable, ya que, si uno está obligado a olvidarse de hacer movimientos en el mercado, esto podría conducirnos a enormes pérdidas. El tiempo es importante en todos los negocios en los que uno se involucra. Lo interesante de la mayoría de las charlas de motivación es que insisten en la gestión adecuada del tiempo. Seguro que te has encontrado con algunas personas que prefieren que pierdas su dinero, pero no su tiempo. La importancia del tiempo radica en el impacto que tiene en un individuo. El factor tiempo también es necesario cuando se realizan diversas operaciones. Asegúrate de estar atento a las decisiones que tomas.

Por ejemplo, con las largas duraciones en las que se llevan a cabo las operaciones, es posible que te olvides del tiempo que necesitas para operar. Si tienes muchas cosas que hacer, mantener ciertas fechas se convierte en un reto. Para evitar esto, puedes establecer un recordatorio de cuándo tienes que operar. A veces, esto requerirá que seas disciplinado en la realización de tus diversas actividades; las decisiones que tomes, por pequeñas que sean, tienen un gran impacto en tu posibilidad de tener éxito. Utilizar esta estrategia te ayudará mucho mientras haces trading de opciones. Asegúrate de que eres disciplinado a la hora de mantener el tiempo y de operar en los momentos en los que puedes obtener una gran ganancia.

Observa las tendencias del mercado y evita hacer trading con la tendencia. Esto se debe a que su longevidad puede ser cuestionable y, por lo tanto, mantener una acción que se retira mientras no la sigues es perjudicial. Evita hacer trading en contra de la tendencia más atractiva y se prudente reteniéndote. Como trader, debes estar atento a cómo se mueve el mercado. No puedes alcanzar el éxito en un área determinada a menos que entiendas completamente lo que implica. Como persona que pretende dedicarse al swing trading, una de las mejores estrategias que puedes utilizar es conocer el funcionamiento del mercado. Te sorprenderá el poder de tener información. En el mundo en el que vivimos actualmente, la ignorancia te costará mucho. Hoy en día, la información está tan a nuestro alcance que no tenemos excusa para no aprender.

En esta época del trading, en internet se puede obtener fácilmente toda la información que se desee realizando una simple búsqueda. También disponemos de numerosos recursos que nos ayudan a adquirir la información que deseamos. Con la gran cantidad de recursos, ciertamente no tenemos excusa para no tener los conocimientos que necesitamos. También estamos inundados de tanta información que nunca podremos completar el aprendizaje de todo. Cada día salen nuevas noticias y no podemos pararlas. Tener una actitud positiva hacia el aprendizaje y ver el impacto que tendrá en la realización de intercambios swing nos permite mejorar nuestra estrategia cada día.

El swing trading permite diferentes habilidades en el trading, ya que las acciones tardan un tiempo en salir del mercado. Durante este tiempo, el principiante puede repasar los pasos que haya olvidado para fortalecer su proceso de trading. Además de los conocimientos, es necesario adquirir habilidades que te ayuden a realizar diferentes operaciones. Estas habilidades facilitan el proceso de trading. La diferencia entre las personas que tienen éxito en ciertas cosas y las que fracasan radica en el esfuerzo adicional que están dispuestas a realizar. ¿Cuánta hambre de éxito tienes? ¿Cuántos kilómetros adicionales estás dispuesto a recorrer para llegar al lugar en el que te gustaría estar? Tu respuesta a estas preguntas puede decir mucho sobre el tipo de persona que eres. Las personas que tienen éxito tienden a dejarse llevar por sus ambiciones.

Esto no sólo se aplica en otros aspectos de la vida, sino también en el swing trading. Hay muchas decisiones que tomarás, que influirán en tu resultado general. Para convertirte en un buen trader, tendrás que idear algunas tácticas y estrategias que hagan que las operaciones sean manejables. Algunas personas tienden a verlo como algo complejo, sin embargo, es muy fácil idear tácticas y estrategias. Lo único que se necesita es tener un conocimiento adecuado de cómo funciona el swing trading. Una vez que tengas la información, es fácil llegar a las estrategias.

Arturo Garcia

Capítulo 6: Entender las órdenes de trading

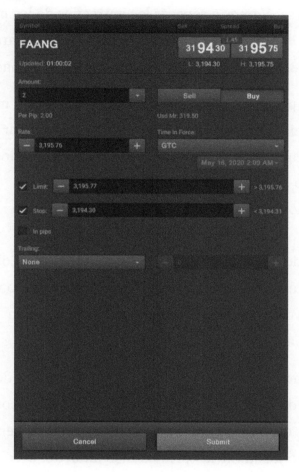

Los mecanismos de trading se refieren a la logística que hay detrás de la negociación de valores y activos. Esto es independiente de los mercados y tipos de trading. El mecanismo, en su mayor parte, es el mismo. Los diferentes mercados pueden ser distribuidores, OTC o grandes bolsas. El mecanismo de trading es la operación por la que tienen que pasar los traders. Es el mecanismo que conecta a los compradores con los vendedores y viceversa. Vamos a repasar los entresijos de los mecanismos de trading, los tipos de mercados, las técnicas para colocar una orden, vender una posición y otras cosas relacionadas.

Para empezar, analicemos los 2 tipos básicos de mecanismos de negociación, que son los mercados orientados por cotizaciones y los mercados orientados por órdenes. Dado que los creadores de mercado proporcionan estos precios, estos sistemas son adecuados para los creadores o distribuidores OTC. El otro sistema es el impulsado por órdenes. Los vendedores y compradores toman el control del mercado. Colocan órdenes para determinados activos que desean comprar o vender. Ponen los activos a precio de mercado y el mercado los ejecuta al instante al mejor precio disponible.

El mercado orientado por órdenes tiene algunas desventajas. Un creador de mercado, en un mercado orientado por cotizaciones, siempre está dispuesto a comprar o vender siempre que esté dispuesto a asumir las primas más altas del precio cotizado. En los mercados orientados por órdenes, existe la posibilidad de que las operaciones se estanquen durante un tiempo si no se encuentran personas que puedan comprar a un determinado precio o viceversa. Los mecanismos de trading por órdenes, basados en estos sistemas automatizados de casación, parecen ser más adecuados para los activos que son los favoritos de los traders y que tienen tendencia a permanecer líquidos. Los mercados orientados a órdenes incluyen bonos, acciones, opciones y divisas. Hay muchos tipos de órdenes de los que un operador puede beneficiarse.

Orden de mercado

Una orden de mercado puede definirse como una orden de trading para comprar o vender una acción al precio actual. No controlas el precio al que tienes que comprar o vender una acción. Es el mercado el que lo controla. Hay un mayor nivel de riesgo de deslizamiento en la orden de mercado, ya que el mercado a veces se mueve rápidamente. Si una acción está siendo muy negociada en el mercado, puede haber muchas órdenes de mercado que necesiten ser ejecutadas antes de que tú órdenes. Esto puede cambiar el precio de compra o de venta. Puedes acabar colocando una orden de venta a un precio mucho más bajo de lo que habías pensado o puedes comprar a un precio mucho más alto de lo que habías planeado. Por lo tanto, con una orden de mercado, tienes menos control sobre el mercado.

Orden de límite

La segunda en la lista es la orden límite, que es una orden de trading para comprar o vender una acción a un precio determinado o incluso mejor que ese. Una orden de límite tiende a evitar que los traders compren o vendan a un precio que no desean. Si el precio del mercado no parece estar en línea con el precio de la orden, es poco probable que esta se ejecute. Una orden de límite debería denominarse orden limitada de venta u orden limitada de compra.

Una orden límite de compra es para los compradores. Especifica que un comprador no pagará más de un determinado precio por una acción de cualquier empresa. En ella se establece un límite de precio de compra, por ejemplo, debe considerar una acción con un precio de 15$. Un trader suele establecer una orden límite de compra de 100 acciones por 14$. La operación solo se ejecutará si el precio de esa acción baja a 14$ o menos que eso.

Del mismo modo, una orden límite de venta protege sus inversiones del desperdicio que supone vender demasiado rápido a precio de mercado con muchos riesgos. El vendedor, que tiene una orden de venta limitada, no venderá la acción por debajo de un determinado precio. Solo cuando la acción alcance o cruce la barra de precios, se ejecutará la operación. Tomemos el ejemplo de la misma acción que está valorada en 15$. Necesitas vender 100 acciones a 17$. La operación solo se ejecutará cuando el precio de la acción alcance los 17$. De lo contrario, la orden permanecerá en espera.

Orden de stop

Una orden de stop se denomina orden de *stop-loss*. Es una operación que está diseñada para limitar y proteger a un trader de pérdidas en una determinada posición. Una orden de stop venderá una acción cuando alcance un determinado precio. Una orden de stop se asocia generalmente a una posición larga, pero también puede utilizarse con una posición más corta. Es probable que se compre la acción si está cotizando por encima del precio de la orden de stop.

Pongamos un ejemplo. Un operador decide vender una posición. Si se desliza hacia atrás hasta los 5$ desde su posición actual de 8$, él o ella colocarían una orden de stop a 5$ para que cuando el precio baje, se ejecute la orden de venta y se ahorre una pérdida mayor.

Un inconveniente es que el trader que podría haberla vendido a 8$, tendrá que venderla por debajo de ese precio. Otro problema es que la acción no se venderá necesariamente a 5$. Depende de la oferta y la demanda de la acción en cuestión. Si la acción está cayendo rápidamente, es probable que la orden se ejecute a un precio inferior a 5$, ya que debe haber muchas órdenes de venta por parte de miles de traders.

Orden límite de acciones

Una orden *stock-limit* es una orden de trading que tiende a presentar una orden stop y una orden límite. Requiere la colocación de 2 precios que son un stop y un precio límite. Una vez que una acción concreta alcanza el precio de stop, la orden se convierte en una orden limitada. La orden *stop-limit* le garantiza un precio limitado. Por otro lado, también garantiza que una orden se ejecute, pero no al precio de la orden stop. Una orden *stop-limit* también se ocupa de los problemas que una orden stop no ataca. Por ejemplo, un trader posee una acción que cotiza a 20$. La vendería si el precio cae por debajo de los 15$, pero solo si la acción puede venderse a 14$ o más. Para ello, establecería la orden de *stop-limit* fijando el precio de stop en 15$ y el precio límite en 14$. Así, por muy rápido que caiga el mercado, su orden se ejecutará no por debajo de 14$ porque ha establecido un límite en la ejecución de la orden.

Orden trailing stop

Una orden *trailing stop* es similar a una orden stop. Sin embargo, funciona sobre la base de un cambio porcentual en el precio de mercado en lugar del precio objetivo. Una orden *trailing stop* está vinculada a una posición larga, pero también puede utilizarse con una posición más corta. En este caso, es probable que se compre la acción si su precio aumenta en función de un porcentaje determinado. Como ejemplo, un inversor compra una acción por 20$. Coloca una orden de *trailing stop* en un 20%. Si la acción tiende a bajar un 20% o más, es probable que la orden se ejecute.

Órdenes si el mercado alcanza (MIT Market-If-Touched)

Esto ayuda a la rápida ejecución de la orden y, al mismo tiempo, permite a los inversores establecer los precios objetivo en lugar de comprar al precio de mercado. El inversor tiene que fijar un precio y si la acción alcanza ese precio, la orden MIT (Orden si el mercado alcanza) se convertirá en una orden de mercado.

Si un trader quiere comprar una acción valorada en 20$, pero no quiere pagar tanto por ella. Coloca una orden MIT con un precio objetivo de 15$. Cuando la acción cae a 15$, la orden MIT se convierte en una orden de mercado y el trader comprará la acción. Como una orden MIT tiende a convertirse en una orden de mercado, conlleva los riesgos de las órdenes de mercado después de la conversión. Existe un alto riesgo de deslizamiento que debe tener en cuenta como operador.

Órdenes de límite si se toca (LIT Limit-If-Touched)

Una orden LIT es igual que la orden MIT. Sin embargo, es diferente en el sentido de que envía una orden de límite en lugar de una orden de mercado.

Por ejemplo, una acción está cotizando a 10,50$. No puedes colocar una orden LIT de compra a 10,40$. El precio límite puede fijarse en 10,35$. Si el precio cae a 10,40$ o menos, la orden limitada se colocará en 10,35$. Como es una orden limitada, solo podrá comprar las acciones a 10,35$ o menos que eso. Si no encuentra compradores que estén dispuestos a vender a ese precio, la orden no se ejecutará aunque el precio de la LIT haya alcanzado.

¿Cómo colocar una orden?

El trading o la inversión en una acción que se realiza mediante la compra de un determinado número de acciones de una empresa. La orden queda incompleta cuando la colocas hasta que puedas ver un cambio en el estado de la orden. Hay varias plataformas de trading en línea que puedes utilizar para realizar la compra. También puedes colocar una orden a través de una llamada telefónica directa a tu corredor.

Órdenes de compra

Las órdenes de compra son las que se colocan cuando es probable que el precio de una acción suba a corto o largo plazo, lo que supone un periodo de retención de unos minutos a unas horas. Se trata de la curva demanda-oferta en el mercado de acciones. Cuando la demanda de una acción aumenta en el mercado abierto, es probable que el precio suba considerablemente. Cuando el precio sube a un punto más alto, los traders intradía ven una mayor subida y entran en sus posiciones de compra.

Órdenes de venta

Las órdenes de venta se ejecutan cuando un inversor considera que es probable que el precio de la acción baje a corto plazo. Sin embargo, se basa en el análisis y las predicciones del mercado. La profundidad del mercado alude a la cantidad de órdenes de compra y venta a diferentes niveles de precio en un momento determinado. Se puede analizar la cantidad de órdenes de compra con el precio de venta. Al final, tienes una cantidad total de compra. Del mismo modo, puedes analizar el precio de venta y la cantidad para ver la Cantidad Total de Venta.

Ejecución de órdenes

Las órdenes suelen ser ejecutadas por un corredor en tu favor. El corredor cobra una cantidad por ejecutar las órdenes. En una plataforma electrónica, las órdenes se ejecutan automáticamente.

Notas contractuales

Una nota de contrato es generalmente un acuerdo escrito entre el corredor y el inversor para la ejecución impecable de las operaciones comerciales. La nota de contrato puede enviarse a través de un mensaje automatizado o por correo. Una nota de contrato contiene el nombre de una transacción, los cargos de los corredores, el número de registro de operaciones del corredor, el número de liquidación y una firma digital realizada por el corredor.

Arturo Garcia

Capítulo 7: Obstáculos comunes y cómo evitarlos

Tomar mucho riesgo en una operación

Dependiendo de a quién preguntes, oirás que ninguna operación debe suponer más del 1%, 2%, 5% o 10% de tus activos totales. Cuál de estas afirmaciones será cierta para ti dependerá de tu tolerancia al riesgo. *Spoiler*: probablemente no sea el 10%, a menos que esté trabajando con una cantidad de dinero muy grande. En casi todos los casos, es aconsejable establecer un límite bajo y ceñirse a él. Esto te va a limitar las operaciones en las que puedes entrar porque tu relación riesgo/recompensa no se cumplirá para la mayoría de las operaciones que se crucen en tu mesa cuando tengas que ceñirte a estos porcentajes. No pasa nada. En realidad es lo mejor. Saber qué operaciones elegir es una habilidad clave, por supuesto, pero es igual de importante saber qué operaciones no elegir. Estar de acuerdo con perder una oportunidad que podría ser buena para alguien pero que simplemente no se ajusta a tus necesidades es una habilidad que deberías empezar a desarrollar desde el primer día.

El orgullo y el riesgo de duplicar

Un error que los principiantes cometen una y otra vez es tirar el dinero bueno tras el malo. Puede que tus emociones te griten que un cambio de tendencia está a la vuelta de la esquina, pero el hecho es que cuando una acción empieza a caer, normalmente continúa haciéndolo. Si un valor traspasa el nivel de soporte que calculaste, lo más probable es que siga cayendo. Existe la tentación natural de comprar más acciones a medida que el precio sigue cayendo mientras se piensa: "Si esto era un buen negocio cuando lo compré a 2$ por acción, es un negocio aún mejor a 1$". Si bien esto podría ser cierto en el caso de que tuvieras tiempo para aguantar y esperar un rebote, eres un trader intradía y no tienes esa opción.

Este impulso no se basa en los hechos ni en la lógica, sino en el orgullo. Aunque te cueste admitirlo, sientes esta necesidad de doblar la apuesta para defender tu idea de que has acertado. El mantra que necesitas para esta situación es: "La bolsa no siente nada por mí, no necesito sentir nada por ella". Tus sentimientos son simplemente irrelevantes. Por eso hacemos las tareas previas, los cálculos, la planificación. Todo ello nos protege de confiar en las emociones.

Llevar de un día para otro

Puede ser tentador dejar correr una acción cuando sientes que estás en una racha, o darle tiempo a otra para que rebote cuando sospechas que se va a dar vuelta al día siguiente. De nuevo, se trata de una decisión emocional, no basada en la realidad del mercado. A estas alturas ya habrás visto cómo se abren huecos entre el cierre de un día y la apertura del siguiente; sabes bien lo volátil que puede ser el mercado incluso cuando no hay operaciones activas. No te expongas al riesgo que esto conlleva. En el trading intradía, necesitas ser capaz de monitorizar el movimiento del mercado minuto a minuto, y no eres capaz de ceñirte a tus planes y actuar cuando lo necesitas si el mercado está cerrado.

Saltarse los stop-loss

Los *stops-loss* tienen 2 propósitos: automatizar el proceso de salida y evitar que se pierda más dinero del que se perdería sin ellos cuando las cosas se tuercen y, lo que es igual de importante, eliminar la tentación de dejar que un mal pico te hunda en un agujero. Una cosa que nunca verás hacer a un trader intradía experimentado es omitir el establecimiento de un *stop-loss* y decir: "Ya lo resolveré cuando llegue". Ellos saben que cortar las pérdidas rápidamente y pasar a la siguiente operación es la única manera de tener éxito a largo plazo. Si este libro te enseña una cosa es que esto es un juego de números. No es necesario que ganes un dineral en cada apuesta. En cambio, solo necesitas que los totales se sumen a tu favor con el tiempo.

Ignorar la relación riesgo/recompensa

Este es un problema muy común cuando los traders comienzan a sentir que están en una "racha". Cuando esto ocurre, los principiantes pueden verse abrumados por esa sensación y ver nublada su forma de pensar. Esto les lleva a invertir en malas operaciones que parecen atractivas a primera vista, pero que no han sido debidamente investigadas. Tu plan de inversión debería incluir una relación riesgo/recompensa y habrá momentos en los que tendrás que recordar para qué está ahí. Está ahí para evitar que tomes malas decisiones en el calor del momento.

Sobreapalancamiento o sobreinversión

En cualquier empresa de inversión, en cualquier lugar del mundo, escucharás la siguiente frase muchas veces a lo largo del día: "El apalancamiento es un arma de doble filo". Es un cliché por una razón: el apalancamiento proporciona un enorme poder adquisitivo, pero también te da la posibilidad de acabar con toda tu cuenta en un abrir y cerrar de ojos. Mantener tus inversiones dentro del porcentaje de los activos que hayas determinado te ayudará en este sentido, pero también es importante que lleves un registro de la cantidad de apalancamiento que tienes en cada momento. Suena como un montón de números que vas a tener que mantener en tu cabeza, pero hay muchas opciones de software que te ayudarán con esto.

La sobreinversión se produce cuando los traders principiantes piensan que cuanto más operen, más ganarán. La realidad es que la mayoría de los días no van a ser días en los que se obtenga ningún tipo de beneficio emocionante. Por definición, la mayoría de los días serán bastante promedio. Si estás realizando docenas de operaciones al día, lo más probable es que sea porque no has definido los parámetros de las operaciones en las que te involucrarás lo suficiente. De hecho, una vez que hayas estado haciendo trading durante un tiempo, probablemente no sea una buena idea aumentar el número de operaciones diarias de inmediato. En su lugar, suele ser más inteligente aumentar el tamaño de sus operaciones individuales. Al fin y al cabo, lo que funciona con 200 acciones funcionará igual de bien con 400 y tiene la ventaja añadida de mantener las mismas comisiones de trading. Si tomaras ese mismo dinero y compraras 2 acciones diferentes, estarías duplicando tus comisiones.

Falta de enfoque

Piense en esto como el lado oscuro de la diversificación. Si estás invirtiendo en acciones, mercados extranjeros, opciones y futuros, puedes estar pensando que hacer esto le protege del riesgo. En realidad, resulta muy difícil reunir los conocimientos necesarios para dominar todos estos mercados. Es mucho mejor elegir un mercado y un tipo de valor y ponerse a estudiar realmente ese tipo de activo. Puede ocurrir que a medida que avance tu carrera encuentres otro tipo de inversión que te interese, pero al principio, quédate con uno y conviértete en un verdadero experto en él.

Hacer la vista gorda con el trabajo previo

Este es otro error demasiado común y completamente evitable. Por lo general, lo que ocurre es que un trader comienza con las mejores intenciones, haciendo sus tareas previas y haciendo planes detallados cada día. Esto les prepara para el éxito y les va bien, pero en lugar de atribuirlo a su duro trabajo, dejan que su orgullo se interponga en el camino. Asumen que la razón de su éxito es su capacidad innata y no las horas de preparación que han realizado; se desentienden del trabajo previo y luego se sorprenden cuando no les va tan bien. El orgullo es, una vez más, el enemigo del trader de éxito. No dejes que esto te ocurra. Debes tener un plan establecido con tus objetivos generales, tanto a largo como a corto plazo. Debes hacer tu trabajo previo en cada una de las operaciones que realices. Sí, te perderás algunas operaciones que acaben haciendo ganar dinero a alguien, pero eso está bien. También te mantendrás al margen de las operaciones que no funcionen y que podrían costarte todo. La investigación y la planificación meticulosas son la única manera de tener éxito a largo plazo.

Si has llegado hasta aquí, estás en el buen camino para entrar en el mercado y convertirte en un trader intradía de éxito. Ten en cuenta que esto es solo el principio y que hay mucho más que aprender a medida que avanzas en tu carrera. A medida que te vayas encontrando con diferentes tipos de activos en los que invertir, te irás especializando y adquiriendo habilidades en esas áreas concretas. Esto es lo que te diferenciará de otros traders intradía y te dará una ventaja a medida que avances en esos mercados. Asegúrate de seguir aprendiendo, de mantener la cabeza fría y de llevar un registro meticuloso, y estarás en el camino hacia una lucrativa y emocionante carrera de trading.

Arturo Garcia

Capítulo 8: Cómo empezar: Autoevaluación

Iniciarse en el trading intradía es una gran decisión que puede cambiar tu vida. Tus esfuerzos pueden convertirse en un pequeño negocio en el que tú eres el director general y las ganancias de la empresa fluyen directamente a tus bolsillos.

Al igual que con cualquier negocio, el éxito puede llevar algo de tiempo y esfuerzo. El éxito requiere una hoja de ruta y la disciplina de seguir las instrucciones, incluso cuando el mapa parece llevar a la dirección equivocada.

También hay pasos básicos en las primeras etapas del proceso, determinando cuánto dinero para empezar a hacer trading, encontrar el corredor adecuado, y responder a una simple pregunta, ¿Por qué hacer trading?

¿Cuánto dinero necesitas para empezar a hacer trading?

Mucha gente no cree que el trading intradía sea una opción para ellos porque piensan que se necesita mucho dinero para empezar. Eso no es cierto. Hoy en día, las empresas de corretaje no solo ofrecen la posibilidad de abrir cuentas con depósitos en efectivo relativamente pequeños, sino que también es posible operar con divisas u opciones con cuentas relativamente pequeñas.

P: ¿Cuánto hay que tener para hacer trading intradía?

Respuesta: Es una pregunta obvia, pero no por ello menos importante. Además, es una pregunta que solo tú puedes responder. ¿Son 500$, 5.000$ o 5.000.000$?

¿Cuánto puedes perder sin sufrir?

Aunque muchas empresas de corretaje fijan los mínimos de las cuentas, no le dicen cuánto debe arriesgar en una operación o en un plan de trading. Esa decisión depende de ti y es realmente una cuestión personal. También es muy importante. Todos conocemos el viejo dicho: "Hace falta dinero para ganar dinero". Eso es indudablemente cierto en el trading intradía. Si no arriesga nada, no ganará nada.

Al mismo tiempo, arriesgar demasiado puede tener consecuencias negativas. Puedes perder el dinero que precisas para otras necesidades de la vida, como los ahorros de emergencia o los fondos de jubilación. Un riesgo excesivo puede provocar estrés, noches de insomnio y sentimientos generales de infelicidad. El negocio del trading intradía debería conducirte a mejorar tu vida; si estás experimentando muchos efectos adversos, ¡las cosas no van en la dirección correcta!

Siempre digo que el indicador más importante que tiene un trader no es un indicador gráfico, sino cómo se siente y reacciona cuando está en una operación. Si alguna vez te encuentras en una operación que te hace sentir incómodo de alguna manera, esto suele ser un "indicador" de que estás operando en exceso en tu cuenta, es decir, exponiéndote a un riesgo excesivo y/o de que no has invertido suficiente tiempo y esfuerzo en construir tu "base de trader". En resumen, tú mismo eres el indicador más importante. Presta atención a tu persona. Si lo haces, descubrirás lo que puedes estar haciendo mal y en lo que tienes que centrarte para ponerte firmemente en el camino correcto hacia el éxito comercial.

La cantidad de dinero que se debe arriesgar es una cuestión subjetiva. Como pauta general, digo a la gente que probablemente no debería arriesgar más del 2% de su capital en una sola operación y que solo debería arriesgar el 2% si tiene un plan de trading probado. El umbral del 2% no es inamovible. Puede ser un poco más o un poco menos, dependiendo de otros factores.

¿Qué significa el dinero para ti?

El trading intradía consiste en gestionar el riesgo mientras se intenta obtener beneficios a corto plazo. En ese sentido, el dinero es simplemente una herramienta que permite comprar y vender. ¿Qué significa el dinero para mí?, es una pregunta importante que hay que hacerse antes de abrir una cuenta y empezar a correr riesgos como trader intradía. Si el dinero es una fuente de orgullo o algo que no puede arriesgar en absoluto, puede que el trading intradía no sea la actividad adecuada para ti.

Una nota sobre los corredores de bolsa

En algún momento, abrirás una cuenta con una empresa de corretaje para empezar a hacer trading intradía.

No existe una solución única cuando se trata de las empresas de corretaje. El proceso es como la compra de un coche: seguro que tu *Porsche* de dos plazas es estupendo para ir al trabajo, pero para ir por la calle con 6 niños necesitas algo más grande.

Sin embargo, aunque la elección del corredor adecuado es una cuestión de preferencia personal, todos los traders intradía necesitan encontrar una empresa con 2 características importantes: comisiones bajas, fuentes de datos fiables y plataformas de gráficos avanzadas. Las comisiones bajas son ahora normales en todo el sector, y los traders intradía no deberían pagar más de un par de dólares por operación.

Tu fuente de datos es tu salvavidas y una de las herramientas más importantes para el éxito. Necesitas datos precisos y en tiempo real.

En cuanto a los gráficos, en mi opinión, algunos de los mejores gráficos para el trading intradía son los de ticks y barras de rango. Para utilizar este tipo de gráficos se necesita una fuente de datos que no esté al alcance de todos los corredores. Asegúrate de que el corredor que elijas ofrezca gráficos de ticks y barras de rango.

Dicho esto, las plataformas de gráficos de terceros y las fuentes de datos están disponibles si buscas.

Antes de hacer negocios con cualquier corredor, siempre pregunto si toman el lado opuesto de las operaciones de sus clientes. Prefiero tener un corredor que me ponga en el mercado en contra de otro trader que en lugar del propio corredor. El corredor debería tener en cuenta mis intereses. ¿Cómo pueden hacer eso cuando mantienen el extremo opuesto de mi operación?

También es importante entender que no todos los corredores ofrecen todos los tipos de productos de inversión. Por ejemplo, una empresa puede ofrecer servicios tradicionales de corretaje de acciones, pero no de futuros o divisas. Otra puede ofrecer solo divisas. Algunas empresas se dirigen a los traders de opciones y tienen herramientas para estrategias avanzadas.

Es importante examinar los pros y los contras de algunas buenas opciones de corretaje para elegir la solución más adecuada para ti. Utilizaremos ejemplos de *Trade Station*, que es una empresa de corretaje que me gusta mucho para mi trading intradía. *Ninja Trader* es otra plataforma de gráficos popular que utilizo con frecuencia. *Ninja Trader* se interconecta con varios otros corredores y te da más opciones y mejor flexibilidad.

Muchas empresas de corretaje, aunque no todas, establecen mínimos de cuenta. El mínimo es la cantidad más pequeña requerida para abrir una cuenta. Antes de la aparición de los corredores de descuento y de las plataformas de negociación en línea, las empresas de corretaje—a menudo denominadas corredores de servicio completo—exigían cantidades mayores, como 25.000$, para empezar a operar. Los corredores de descuento y los corredores en línea se dirigen a los traders más pequeños y a los que lo hacen por sí mismos. Por lo general, no requieren mucho dinero para empezar. Algunos incluso ofrecen ventajas, como un cierto número de operaciones gratuitas o cuentas sin requisitos mínimos.

No hay soluciones perfectas al 100% en lo que respecta al corredor, los gráficos, los datos y los productos con los que operar. Si no estás seguro de qué tipo de inversiones ofrece una empresa o cuáles son los mínimos de sus cuentas, consulta su sitio web o simplemente llama al servicio de atención al cliente y pregunta.

¿Por qué hacer trading?

P: ¿Por qué hacer trading?

Respuesta: Es sencillo: ¡la única razón para hacer trading es ganar dinero! Esta pregunta, ¿por qué hacer trading? es importante y algo en lo que hay que pensar cuando concluimos este tema.

Aunque la respuesta "para ganar dinero" puede parecer obvia, la mayoría de los traders perdedores hacen trading en realidad por otras razones. Pueden pensar que hacen operaciones para ganar dinero, pero sus acciones indican que son otras las motivaciones que impulsan sus decisiones. Recuerda que el indicador más importante eres tú.

Si realmente estás haciendo trading para ganar dinero, entonces la siguiente pregunta lógica que hay que hacerse es ¿Cómo? ¿Cómo consigue un trader ese objetivo?

La respuesta es haciendo trading dentro del contexto y las reglas de un plan de trading probado. Un plan de trading probado hace crecer el capital en su cuenta, a pesar de la distribución aleatoria de las ganancias y las pérdidas. Incluye reglas a seguir que puedes probar tú mismo.

Tomar operaciones al azar que no están dentro del contexto de un plan de trading probado no es hacer trading para ganar dinero. Es otra cosa. ¿Por qué? Porque somos traders. Es lo que hacemos. Hacemos operaciones. Si ganas en una operación al azar, ¿ahora qué? Todavía hay otra operación que tomar, ¿verdad? Ganar dinero proviene de la ventaja que tu plan de trading probado te da con el tiempo. Las operaciones aleatorias no van a revelar si tiene o no una ventaja—son aleatorias—hasta después del hecho, cuando lo más probable es que aprendas que la respuesta es no, que no tenía una ventaja. Y entonces será demasiado tarde. Así es como las cuentas se arruinan.

Si realmente estás haciendo trading para ganar dinero, entonces tus acciones deberían reflejar eso. Si no lo hacen, lo más probable es que estés haciendo trading por otras razones que no entiendes. Tendrás que abordar esto si realmente quieres interiorizar la razón correcta para hacer trading: ganar dinero. De lo contrario, el mercado te dará otra cosa y probablemente no te gustará.

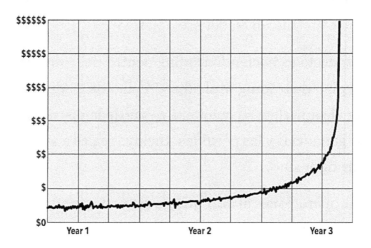

Capítulo 9: Tipos de órdenes en el trading

Los inversores utilizan un corredor para comprar o vender un activo utilizando su opción de formulario de orden. El corredor inicia una orden una vez que el inversor ha decidido comprar o vender un activo. La orden orienta al corredor sobre cómo proceder.

Los valores comerciales suelen negociarse a través de un mecanismo de oferta/demanda. Por esto se entiende que un comprador que está dispuesto a pagar el precio de venta debe estar presente para vender. Es necesario que haya un vendedor dispuesto a ofrecer el precio de compra del comprador. Ningún acuerdo se produce cuando un comprador está allí y el vendedor también está allí. La oferta es el precio más alto anunciado al que alguien está dispuesto a pagar el activo, y la demanda es el precio más bajo anunciado al que alguien está dispuesto a vender el activo. Los cambios en la oferta y la demanda son constantes, ya que cada oferta y cada demanda representan alguna orden.

Las tarifas pueden cambiar cuando se rellenan las órdenes. Por ejemplo, si hay una oferta de 25,25$ y otra de 25,26$, la siguiente oferta más alta será de 25,25$ cuando se hayan completado todas las órdenes de 25,26$. Este proceso de oferta/demanda es una clave para recordar cuando se coloca una orden, ya que el tipo de orden seleccionada afectará al precio al que se completa la operación, cuando se va a completar, o si se va a completar en absoluto.

Tipos de órdenes

Las órdenes son tomadas en la mayoría de los mercados tanto por los inversores individuales como por los institucionales. Principalmente por los corredores de bolsa, operaciones individuales que requieren colocar muchos tipos de órdenes al hacer negocios. Los mercados facilitan varios tipos de órdenes que proporcionan cierta discreción para invertir cuando se planifica una operación.

Algunos tipos básicos de órdenes son los siguientes:

Una orden de mercado instruirá al corredor en la ejecución de la orden al precio disponible. Las órdenes de mercado no tienen una demanda fija y suelen ejecutarse en todas las ocasiones cuando hay poca competencia en la bolsa. Las órdenes de mercado se utilizan normalmente cuando el trader quiere que las operaciones entren o salgan rápidamente y el precio no es la mayor preocupación que tienen.

El corredor es instruido por el límite de la orden para adquirir en o menos de una cantidad definida, el valor. Las órdenes limitadas hacen que el cliente solo pague un determinado precio de compra del valor. Las órdenes limitadas pueden permanecer efectivas hasta que se ejecuten, expiren o se cancelen.

La orden limitada de venta ordena a un corredor vender a un precio superior al precio actual, el activo.

Esta forma de orden se utiliza para que las posiciones largas tengan ganancias a medida que el precio sube más desde la compra. El corretaje es instruido por la orden de *sell stop* para vender si el activo está o llega a un precio menor que el precio actualmente. Una orden de *buy stop* puede indicar al corredor que adquiera un activo hasta que alcance un nivel superior al actual.

Una orden de mercado es la orden stop, lo que significa que una vez desencadenada puede tomar cualquier precio u orden limitada stop puede ser y solo puede ser ejecutado dentro de un límite determinado (rango de precios) después de la activación.

La orden del día se ejecutará el mismo día hábil en el que se establece la orden. Una orden no es una orden del día sigue siendo efectiva hasta que se cancele. Si la orden no es del día, el trader establece normalmente el vencimiento de la orden.

Los resultados de las operaciones se ven afectados por este tipo de órdenes. Por ejemplo, una orden de compra limitada colocada a un precio inferior al que el activo está cotizando actualmente puede dar un mejor precio al trader si disminuye el valor del activo (en comparación con comprarlo ahora). Pero esperar a que el precio baje hasta el límite previsto implica que, en caso de que el precio no alcance el valor del límite, el trader puede perder la oportunidad de abrir la operación.

Un tipo de orden no es mejor que el otro, es importante seleccionar el adecuado para su estilo de trading y según el mercado en el que esté operando.

Ejemplo de uso de una orden para una operación con acciones.

Un trader debe pensar cómo comprar una acción y en qué condiciones evitará las pérdidas y maximizará las ganancias. Esto significa que potencialmente se pueden introducir 3 órdenes al inicio de la operación: una para entrar, otra para controlar el riesgo si el precio no se mueve como se espera (*stop-loss*) y la orden para cerrar la operación si el precio se mueve en la dirección esperada. Un inversor o trader no puede colocar sus órdenes de cierre al mismo tiempo que inicia la operación, sino que debe saber cómo salir (con ganancias/pérdidas) cerrando la operación, tanto técnica como estratégicamente.

Si un trader decide comprar AAPL (Apple Inc.). Las órdenes deben colocarse manteniendo los riesgos bajo control, pero que puedan asegurar ganancias.

Basándonos en la alerta de un indicador técnico, colocamos una orden comercial de compra a 124,15$. La orden alcanzará los 124,17$. La diferencia entre el precio fijado para la compra y el de ejecución se conoce como deslizamiento. No hay que apostar más del 7% en el producto como *stop-loss*, por lo que la orden de venta por 115,48$ un 7% menos. Esto es para obtener una pérdida predecible sin arriesgar demasiado.

Basados en la estrategia, la ganancia esperada es del 21%, lo que implica que la relación es 3 veces la del *stop-loss*. Esta es una fuerte relación riesgo/recompensa. Por lo tanto, el límite de la orden de venta se establece en 150,25$, que es un 21% más alto que el precio de entrada.

En primer lugar, habrá una orden de venta, por la cual se cerrará la operación. En este escenario, el precio primero alcanza el límite de venta, resultando en una ganancia del 21% para el trader.

Definición de orden de mercado

La orden de un inversor es una orden de mercado—realizada normalmente a través de un corredor o servicio corretaje—para comprar o vender una acción al precio mejor disponible en el mercado actual. Es la forma más fiable y rápida de entrar o salir de una operación, y está ampliamente considerada como la mejor manera de entrar en la operación o salir de ella rápidamente.

Las órdenes comerciales entran prácticamente al instante en otras acciones líquidas de gran capitalización. De todas las órdenes la más básica se considera orden de mercado. Su objetivo es que se ejecute al precio de venta existente para la defensa tan rápidamente como sea posible. Es por eso que otros corredores tienen un botón de compra/venta de aplicaciones de trading.

Por lo general, se ejecuta una orden comercial haciendo clic en este interruptor. En los casos en que la mayoría de las órdenes de mercado experimentan algunas comisiones bajas de acuerdo al tipo de orden, ya que cualquiera de los corredores que la ejecutan requiere mucho menos trabajo.

Puntos clave

- La orden de mercado es la solicitud de un inversor para la compra y venta de valores.
- Los instrumentos de gran precio como las opciones de gran capitalización, los derivados o los ETFs están bien adaptados a esta orden.
- Una orden de mercado será ejecutada por el trader si está lista al precio solicitado para comprar o al precio solicitado para vender.

Cuándo utilizar la orden de mercado

Para los valores que se negocian en volúmenes extremadamente altos, como las acciones de gran capitalización, los ETFs o los futuros, las órdenes de mercado son muy adecuadas. Para el E-mini S&P las órdenes son de mercado, por ejemplo, una acción como Microsoft tiende a llenarse muy rápidamente sin problemas. En el caso de las acciones con flotaciones débiles o con un valor total regular limitado, la situación cambia. Como estos valores se negocian poco, la distribución de la oferta de compra parece ser grande. Debido a esto, las órdenes de mercado se ejecutan a veces lentamente para valores como éstos, y a precios inesperados a menudo, lo que conlleva importantes costos de trading.

Desplazamiento de la orden de mercado

Implica que, si un trader quiere cumplir una oferta de negociación, el vendedor puede comprar al precio de venta o vender al precio de la oferta. Así, el tipo de ejecución de la orden de mercado abandona el diferencial de la oferta solicitada inmediatamente.

Por razones como ésta, a veces es mejor mirar de cerca el diferencial de la oferta pedida antes de colocar una orden de mercado, sobre todo en el caso de valores poco negociados. No hacerlo podría acarrear costos muy elevados. Esto es doblemente relevante para los individuos que negocian regularmente, o lo que sea que utilice un programa de entrenamiento electrónico.

Orden de mercado vs. Orden limitada

La mayoría de las operaciones básicas de compra y venta son órdenes de mercado. También, en el lado diferente, las órdenes de límite permiten a los inversores un mayor control del precio de oferta o de venta. Se consigue especificando un valor máximo razonable del precio de venta o un precio mínimo aceptable de venta.

Lo ideal son las órdenes limitadas para operar con valores poco negociados, muy volátiles o con mayores diferenciales de oferta.

Ejemplo de orden de mercado del mundo real

Supongamos que los costos de producción de la oferta solicitada para las acciones de Excellent Industries son, respectivamente, 18,50$ y 20$, con 100 acciones disponibles a petición. Si el operador coloca una orden de compra de 500 acciones en el mercado, a 20$ se ejecutarán las primeras 100.

Sin embargo, las siguientes 400 llenan las próximas 400 acciones al precio de venta más alto para la venta. Si la acción se negocia muy poco, las próximas 400 acciones podrían ejecutarse en torno a los 22$ o más. Esta es exactamente la razón por la que el uso de los límites para tales formas de acciones es una idea inteligente. Las órdenes de mercado se ejecutan a un precio de mercado dictado en oposición a las órdenes limitadas o stop que dan más control a los traders. A veces, el uso de las órdenes de mercado puede dar lugar a costos no deseados o significativos en algunos de los casos.

Definición de orden limitada

La más básica de todas las órdenes se considera una orden de mercado. Está destinada a ejecutarse al precio de venta existente para una defensa lo más rápidamente posible. Es por eso que otros corredores tienen aplicaciones de comercio de botón de compra/venta. Por lo general, se realiza una orden de negocio haciendo clic en este interruptor. En los casos de la orden de mercado se incurre en menos comisión de cualquier tipo de orden, ya que cualquiera de los corredores requiere mucho menos trabajo.

Arturo Garcia

Capítulo 10: Ejemplo de diferentes tipos de órdenes: mercado de divisas

Los tipos de órdenes son las instrucciones básicas que se introducen en la plataforma para realizar una operación. La mayoría de estas instrucciones son las mismas; ya sea que esté tomando una posición en acciones, divisas o mercado de materias primas.

A continuación, se indican los términos de orden más comunes que encontrará al realizar una oferta en el mercado de divisas.

Orden de mercado

Este tipo de orden se coloca cuando se quiere comprar un activo a su valor actual. La colocación de este tipo de orden debe hacerse con mucho cuidado porque si hay un movimiento repentino de precios en el activo, el precio podría subir, y tu operación se ejecutaría a un precio más alto, y no tendrías control sobre ello.

Por ejemplo, si coloca una orden para un activo y el precio del activo sube repentinamente 30 puntos de porcentaje, sus operaciones se ejecutarán al precio más alto si no se han ejecutado ya antes de la subida del precio. Colocar órdenes a precio de mercado aumenta el riesgo de obtener órdenes a un precio más alto. Esto solo es bueno cuando realmente quieres entrar en una operación, y estás dispuesto a pagar un precio superior por ella.

Orden limitada de entrada

Cuando quieras comprar un activo por debajo del precio de negociación actual o quieras vender un activo por encima del precio de negociación actual, puedes establecer una orden limitada de entrada. Te da un mejor control sobre los precios, ya que las operaciones no se ejecutarán automáticamente por encima o debajo del precio esperado. La desventaja de este tipo de orden es que sus operaciones pueden no ejecutarse en absoluto si el mercado no cruza su precio límite.

Orden stop de entrada

Este tipo de orden es útil cuando se trata de comprar o vender cuando el mercado rompe sus niveles de soporte o resistencia. Este tipo de órdenes son buenas si se espera una tendencia alcista en el mercado. Cuando un activo rompe sus niveles de resistencia actuales, se espera que siga subiendo. Esta es una orden condicional que solo se ejecutará cuando el precio de un activo se mueva por encima de un punto de precio por encima del precio actual. Técnicamente, es opuesta a una orden limitada, ya que en esa se trata de comprar un activo por debajo del precio actual.

Orden Stop-loss

Una orden *stop-loss* es muy importante, ya que te ayuda a salir de una operación fallida. Estableces un precio a un nivel por debajo del cual solo esperas que el mercado baje más, y tus pérdidas serán mayores. Cuando se activa el nivel de precio de *stop-loss*, tus órdenes se ejecutan al precio que has establecido o un poco por debajo.

La orden "good for the day" (GFD)

Dejar la operación abierta incluso después de que el mercado haya cerrado puede tener sus propias desventajas. El día siguiente tendrá sus propias noticias, y es posible que quieras entrar en una operación a un nuevo precio según el mercado. Si has puesto una orden de mercado y la operación no se ha ejecutado ese día, y la operación es válida incluso para el día siguiente, su operación se ejecutará a cualquier precio que abra el mercado al día siguiente. Para un trader pequeño, esta diferencia puede ser muy grande, y el trader no tendrá ningún control sobre el precio.

Si quieres evitar esta situación, debes colocar una orden GFD, ya que esta orden expira a la hora de cierre del mercado de tu corredor.

Orden válida hasta que se cancele (GTC)

Este tipo de órdenes, como su nombre lo indica, pueden continuar durante períodos más largos o hasta que las cancele. Como ya hemos comentado anteriormente, este tipo de órdenes tiene su propia desventaja de que las operaciones se ejecutan a un precio más alto. En un mercado en movimiento, tiene sus propias

Arturo Garcia

ventajas, ya que tomar una posición en una operación es más fácil.

Capítulo 11: Cualidades que debes desarrollar como trader intradía

En todas las condiciones del mercado, los traders intradía adquieren ciertas características que a su vez les permiten ejecutar una estrategia con eficacia. Cuando alguien empieza a hacer trading, es imposible que tenga todas estas características. Es posible que sean fuertes en todos ellos, pero es posible que necesiten trabajar en los demás rasgos. Esto es una buena noticia; significa que no hay un fenómeno de nacimiento de traders exitosos, sino que éstos evolucionan a través de un arduo trabajo que implica estos rasgos.

Disciplina del trader intradía

La disciplina es una característica fundamental que requiere todo trader. El mercado le ofrece infinitas oportunidades comerciales. Cada segundo del día, puedes operar con miles de elementos diferentes, pero muy pocos ofrecen un gran potencial comercial. Si una estrategia ofrece solo 5 operaciones al día y las pérdidas y los objetivos se establecen automáticamente para cada negociación, tendrá tanto tiempo libre durante el día que estará menos atento a los escenarios positivos del mercado.

Tardarás 5 segundos en abrir una operación. Eso no significa solo que sus operaciones duren 5 segundos. El hecho de que las operaciones duren 5 segundos indica que la introducción de una orden de compra lleva solo unos segundos, a los que se añaden unos pocos más para introducir el objetivo y el stop. Después de esto vuelves a esperar las oportunidades del mercado para abrir nuevas operaciones.

Pero lo esencial es que tu tiempo real de trading es ínfimo cada día, incluso si eres un trader intradía proactivo. El tiempo restante, necesitas sentarte ahí y ser cuidadoso, esperando las señales. Si se produce una de estas señales, tienes que actuar sin demora, de acuerdo con tu plan de negocio.

Los traders necesitan la disciplina de no hacer nada cuando no hay oportunidades, pero aun así deben permanecer alerta ante posibles oportunidades. Y, cuando surgen oportunidades de trading, necesitan la capacidad de actuar instantáneamente. Una vez en el negocio, los traders necesitan la disciplina para seguir sus planes de negocio.

Paciencia

La paciencia es de naturaleza jerárquica. El trading intradía (y todos los tipos de trading) requiere mucha espera.

El trader perdedor simplemente no ha desarrollado la suficiente paciencia para esperar la gran entrada y salida. Va de la mano de la disciplina, y hay que ser paciente hasta que haya una llamada a la acción, entonces hay que ser lo suficientemente disciplinado para actuar sin vacilar.

Los traders necesitan paciencia para esperar los puntos de entrada y salida ideales (basados en su estrategia), pero deben actuar con rapidez cuando el momento lo requiera.

Adaptabilidad

No hay 2 días de trading exactamente iguales. Esto plantea un problema cuando se observan los casos de una técnica solo desde el libro de texto. Cuando van a ejecutarla, todo se ve diferente de lo que hizo en el ejemplo.

Un trader debe observar la acción del mercado de cada día y decidir la mejor manera de aplicar (o no aplicar) sus estrategias, en función de las circunstancias que se presenten ese día.

Los traders deben ser capaces de poner en práctica sus tácticas en tiempo real, en determinadas condiciones de mercado, y/o saber cuándo mantenerse al margen. No ajustarse al entorno actual del mercado también da lugar a una rápida reducción del capital.

Dureza mental

También puedes considerar esto como una piel gruesa. El mercado siempre te está lanzando operaciones perdedoras y tienes que volver.

No es fundamental que sus ganancias superen sus pérdidas, sólo puede ganar el 30% o el 40% de sus operaciones.

Otras personas pueden ganar el 60% o el 70% de sus operaciones, pero sus ganancias pueden ser iguales a sus pérdidas o solo ligeramente superiores. En cualquier caso, se producen pérdidas en las operaciones. Teniendo en cuenta esas derrotas, las ganancias diarias seguirán produciéndose, pero sólo si no te desanimas por las operaciones perdedoras. Si las operaciones perdedoras te hacen perder la concentración, es más probable que la siguiente operación que podría ser ganadora se pierda (o se omita intencionadamente).

También hay rachas perdedoras. Los traders deben permanecer centrados y racionales durante una racha de fracasos y no permitir que la pérdida de capital influya en su juicio (lo que empeorará las cosas). La resiliencia mental incluye permanecer centrado en la implementación del plan de trading o saber que el mercado no ofrece buenas perspectivas para su estrategia.

Un trader tiene que soportar un bombardeo incesante de golpes del mercado. Las pérdidas son una realidad del trading. Aplica tu estrategia de trading después de las pérdidas, sigue adelante y continúa. Si sigues tu plan pero sigues perdiendo, es probable que las condiciones comerciales no sean las adecuadas para tu estrategia. Aléjate en esa situación, hasta que lo sean. A menudo, ser duro mentalmente significa tomar la dura decisión de no hacer trading.

Independencia

Al principio, es probable que recibas alguna ayuda para el trading, ya sea a través de artículos o libros de trading, viendo tutoriales en video o recibiendo asesoramiento. Pero al final del día, eres tú quien ejecutará tus operaciones y decidirá tu propio éxito.

Los traders, a la larga necesitan desarrollar un sentido de libertad o autodeterminación, sin depender de otros. La mayoría de los traders eligen esta vía porque consideran que es la más rentable. Cuando tienes un método de trading que te funciona, no quieres las opiniones de los demás. Simplemente haz lo que te funciona a ti y ya está.

Muchos traders tendrán que aprender el duro camino de la autodeterminación. Saltan de mentor en mentor, o de un libro de trading a otro, y siguen sintiendo que les falta algo. Y el servicio al que están suscritos cierra, y ahora no tienen ni idea de cómo negociar porque dependen demasiado de otra persona. Cuando adquieres independencia, asumes la responsabilidad de tu propia educación, ganancias y gastos desde el principio, no vas a tener esos problemas durante tu viaje de trading.

La libertad no se limita a enfrentarse al mundo. Busca apoyo siempre que lo necesites. La independencia es simplemente crear un estilo de trading que funcione para ti (independientemente de que alguien te ayude o no). La independencia consiste en trabajar para crear tu propia caja de herramientas personal, y en lugar de depender de otros (que no siempre estarán ahí cuando los necesites), puedes arreglar tu propia operación. En palabras sencillas, intenta buscar ayuda cuando la necesites, pero no dependas demasiado de los demás.

Si estás comenzando tu carrera, arranca desde ahora con tu independencia. Toma los conocimientos de otros, interprétalos, hazlos tuyos y domínalos.

El trading intradía y el swing trading tienen tanto ventajas como inconvenientes. Al final, ser un trader intradía o un swing trader depende de la preferencia del trader.

Hay diferentes factores que entran en juego cuando hablamos de ambos tipos en detalle. El trader intradía pasa la mayor parte del tiempo frente a las pantallas de los ordenadores. En resumen, los 2 tipos de operaciones se adaptan a los traders en función de su disponibilidad para operar. Uno puede querer ser un trader intradía, pero es poco probable, por ejemplo, que tenga un trabajo diurno. En este caso también podemos ver su impacto, ya que el tiempo juega un papel fundamental en el trading.

Aprende todas las estrategias conceptuales y técnicas relacionadas que se requieren para ser un trader en los mercados de valores competitivos con regularidad. Ten en cuenta que tus conocimientos sobre los tipos de interés y la inflación, junto con una sólida comprensión de las repercusiones políticas y económicas en la eficacia del trading intradía y el swing trading, desempeñan un papel importante.

Por lo tanto, se puede decir con seguridad y claridad que depende del trader y el tipo de operación que utilice. Ambas técnicas tienen sus propios pros y contras y ambas requieren diferentes protocolos de gestión. Conseguir el éxito en el trading no es posible en poco tiempo. Es necesario seguir las instrucciones y sugerencias cuidadosamente antes de aplicar tus conocimientos en los procedimientos de trading.

Arturo Garcia

Capítulo 12: Cualidades que debes desarrollar como trader intradía

En todas las condiciones del mercado, los traders intradía adquieren ciertas características que a su vez les permiten ejecutar una estrategia con eficacia. Cuando alguien empieza a hacer trading, es imposible que tenga todas estas características. Es posible que sean fuertes en todos ellos, pero es posible que necesiten trabajar en los demás rasgos. Esto es una buena noticia; significa que no hay un fenómeno de nacimiento de traders exitosos, sino que éstos evolucionan a través de un arduo trabajo que implica estos rasgos.

Disciplina del trader intradía

La disciplina es una característica fundamental que requiere todo trader. El mercado le ofrece infinitas oportunidades comerciales. Cada segundo del día, puedes operar con miles de elementos diferentes, pero muy pocos ofrecen un gran potencial comercial. Si una estrategia ofrece solo 5 operaciones al día y las pérdidas y los objetivos se establecen automáticamente para cada negociación, tendrá tanto tiempo libre durante el día que estará menos atento a los escenarios positivos del mercado.

Tardarás 5 segundos en abrir una operación. Eso no significa solo que sus operaciones duren 5 segundos. El hecho de que las operaciones duren 5 segundos indica que la introducción de una orden de compra lleva solo unos segundos, a los que se añaden unos pocos más para introducir el objetivo y el stop. Después de esto vuelves a esperar las oportunidades del mercado para abrir nuevas operaciones.

Pero lo esencial es que tu tiempo real de trading es ínfimo cada día, incluso si eres un trader intradía proactivo. El tiempo restante, necesitas sentarte ahí y ser cuidadoso, esperando las señales. Si se produce una de estas señales, tienes que actuar sin demora, de acuerdo con tu plan de negocio.

Los traders necesitan la disciplina de no hacer nada cuando no hay oportunidades, pero aun así deben permanecer alerta ante posibles oportunidades. Y, cuando surgen oportunidades de trading, necesitan la capacidad de actuar instantáneamente. Una vez en el negocio, los traders necesitan la disciplina para seguir sus planes de negocio.

Paciencia

La paciencia es de naturaleza jerárquica. El trading intradía (y todos los tipos de trading) requiere mucha espera.

El trader perdedor simplemente no ha desarrollado la suficiente paciencia para esperar la gran entrada y salida. Va de la mano de la disciplina, y hay que ser paciente hasta que haya una llamada a la acción, entonces hay que ser lo suficientemente disciplinado para actuar sin vacilar.

Los traders necesitan paciencia para esperar los puntos de entrada y salida ideales (basados en su estrategia), pero deben actuar con rapidez cuando el momento lo requiera.

Adaptabilidad

No hay 2 días de trading exactamente iguales. Esto plantea un problema cuando se observan los casos de una técnica solo desde el libro de texto. Cuando van a ejecutarla, todo se ve diferente de lo que hizo en el ejemplo.

Un trader debe observar la acción del mercado de cada día y decidir la mejor manera de aplicar (o no aplicar) sus estrategias, en función de las circunstancias que se presenten ese día.

Los traders deben ser capaces de poner en práctica sus tácticas en tiempo real, en determinadas condiciones de mercado, y/o saber cuándo mantenerse al margen. No ajustarse al entorno actual del mercado también da lugar a una rápida reducción del capital.

Dureza mental

También puedes considerar esto como una piel gruesa. El mercado siempre te está lanzando operaciones perdedoras y tienes que volver.

No es fundamental que sus ganancias superen sus pérdidas, sólo puede ganar el 30% o el 40% de sus operaciones.

Otras personas pueden ganar el 60% o el 70% de sus operaciones, pero sus ganancias pueden ser iguales a sus pérdidas o solo ligeramente superiores. En cualquier caso, se producen pérdidas en las operaciones. Teniendo en cuenta esas derrotas, las ganancias diarias seguirán produciéndose, pero sólo si no te desanimas por las operaciones perdedoras. Si las operaciones perdedoras te hacen perder la concentración, es más probable que la siguiente operación que podría ser ganadora se pierda (o se omita intencionadamente).

También hay rachas perdedoras. Los traders deben permanecer centrados y racionales durante una racha de fracasos y no permitir que la pérdida de capital influya en su juicio (lo que empeorará las cosas). La resiliencia mental incluye permanecer centrado en la implementación del plan de trading o saber que el mercado no ofrece buenas perspectivas para su estrategia.

Un trader tiene que soportar un bombardeo incesante de golpes del mercado. Las pérdidas son una realidad del trading. Aplica tu estrategia de trading después de las pérdidas, sigue adelante y continúa. Si sigues tu plan pero sigues perdiendo, es probable que las condiciones comerciales no sean las adecuadas para tu estrategia. Aléjate en esa situación, hasta que lo sean. A menudo, ser duro mentalmente significa tomar la dura decisión de no hacer trading.

Independencia

Al principio, es probable que recibas alguna ayuda para el trading, ya sea a través de artículos o libros de trading, viendo tutoriales en video o recibiendo asesoramiento. Pero al final del día, eres tú quien ejecutará tus operaciones y decidirá tu propio éxito.

Los traders, a la larga necesitan desarrollar un sentido de libertad o autodeterminación, sin depender de otros. La mayoría de los traders eligen esta vía porque consideran que es la más rentable. Cuando tienes un método de trading que te funciona, no quieres las opiniones de los demás. Simplemente haz lo que te funciona a ti y ya está.

Muchos traders tendrán que aprender el duro camino de la autodeterminación. Saltan de mentor en mentor, o de un libro de trading a otro, y siguen sintiendo que les falta algo. Y el servicio al que están suscritos cierra, y ahora no tienen ni idea de cómo negociar porque dependen demasiado de otra persona. Cuando adquieres independencia, asumes la responsabilidad de tu propia educación, ganancias y gastos desde el principio, no vas a tener esos problemas durante tu viaje de trading.

La libertad no se limita a enfrentarse al mundo. Busca apoyo siempre que lo necesites. La independencia es simplemente crear un estilo de trading que funcione para ti (independientemente de que alguien te ayude o no). La independencia consiste en trabajar para crear tu propia caja de herramientas personal, y en lugar de depender de otros (que no siempre estarán ahí cuando los necesites), puedes arreglar tu propia operación. En palabras sencillas, intenta buscar ayuda cuando la necesites, pero no dependas demasiado de los demás.

Si estás comenzando tu carrera, arranca desde ahora con tu independencia. Toma los conocimientos de otros, interprétalos, hazlos tuyos y domínalos.

El trading intradía y el swing trading tienen tanto ventajas como inconvenientes. Al final, ser un trader intradía o un swing trader depende de la preferencia del trader.

Hay diferentes factores que entran en juego cuando hablamos de ambos tipos en detalle. El trader intradía pasa la mayor parte del tiempo frente a las pantallas de los ordenadores. En resumen, los 2 tipos de operaciones se adaptan a los traders en función de su disponibilidad para operar. Uno puede querer ser un trader intradía, pero es poco probable, por ejemplo, que tenga un trabajo diurno. En este caso también podemos ver su impacto, ya que el tiempo juega un papel fundamental en el trading.

Aprende todas las estrategias conceptuales y técnicas relacionadas que se requieren para ser un trader en los mercados de valores competitivos con regularidad. Ten en cuenta que tus conocimientos sobre los tipos de interés y la inflación, junto con una sólida comprensión de las repercusiones políticas y económicas en la eficacia del trading intradía y el swing trading, desempeñan un papel importante.

Por lo tanto, se puede decir con seguridad y claridad que depende del trader y el tipo de operación que utilice. Ambas técnicas tienen sus propios pros y contras y ambas requieren diferentes protocolos de gestión. Conseguir el éxito en el trading no es posible en poco tiempo. Es necesario seguir las instrucciones y sugerencias cuidadosamente antes de aplicar tus conocimientos en los procedimientos de trading.

Arturo Garcia

Capítulo 13: Ingresos promedio de un trader intradía

Imagina un escenario en el que te revele que el intercambio de salario tiene numerosos factores, aplicando algunas estrategias de investigación esenciales. Puedes ir a un medidor confiable de lo que un inversionista informal es capaz de ganar dependiendo de su área, capital inicial y estado del negocio.

Voy a compartir varias fuentes que pueden darte indicadores claros que luego podrías utilizar para decidir tu potencial de ganancias. Enfrentémoslo, un número significativo está pensando en salir sin nadie más y no está esperando encontrar una nueva línea de trabajo.

Cualquiera que divulgue un rango concluyente para un día de intercambio de paga probablemente te esté tomando el pelo. Es como si estuvieras conversando con uno de mis hijos sobre "Yo Gabba", que era uno de sus programas preferidos en Nickelodeon.

La razón es que hay un gran grupo de variables externas que juegan en la cantidad de dinero que puedes obtener. A continuación, vamos a rasgar a través de toda la ligereza en la web y llegar a las certezas frías y duras. Siéntate, relájate y toma un café expreso.

Una decisión que no debe tomarse a la ligera

No debes andar jugando con esta decisión, y debes hacer un balance de las ventajas y desventajas.

En primer lugar, el trading con otra persona te permitirá hacer uso de los instrumentos y métodos de un equipo de trabajo, lo que te será sumamente beneficioso. Una parte de los aspectos positivos del trading con otra persona es evaluar los factores de peso a la hora de distinguir tanto un esquema exitoso como un asesor que pueda ayudarte en el camino.

Hay que tener en cuenta que, si no es lo suficientemente beneficioso, tendrás que cumplir con un mayor número de reglas que cuando estabas en sexto grado. Esa limitación en lo que respecta a tu forma de invertir se debe al hecho de que estás utilizando el dinero de otra persona, por lo que si ya no ganas dinero te dejarán de lado.

La única ventaja significativa de negociar para otra persona es que recibirás una paga. Esta paga es probablemente insuficiente para vivir; sin embargo, recibes un cheque.

En el momento en que sales solo, no hay paga. Tú serás un especialista en finanzas que quiere hacer pagos. Ya profundizaremos en este tema. Sin embargo, necesitaba asegurarme de expresar esto con franqueza.

Licencias

En el caso de que decidas trabajar para una empresa y estés intercambiando dinero en efectivo de los clientes o, posiblemente, interactuando con ellos, necesitarás tu permiso de la Serie 7 y, quizás, de la Serie 63.

El permiso Serie 7

Es el permiso que te da la ventaja de poder intercambiar dinero. La última vez que lo revisé, el examen costaba 305$, y dependiendo del conjunto será asegurado por la empresa.

El permiso Serie 63

Por su parte, la Serie 63 es el siguiente examen que debes realizar después de la Serie 7. Esta norma le autoriza a solicitar órdenes de acciones dentro de un mercado de valores.

Una perspectiva sencilla sobre esto es que el 7 le da el privilegio de intercambiar a nivel gubernamental, y el 63 le permite trabajar dentro de los límites de las leyes estatales.

No me anticipo a abarcar el tema del intercambio diario porque no lo he vivenciado.

Por lo que sé, se requiere que termines algunos programas de preparación interna para la empresa con la que hables. Para las casas de riesgo, obtendrás un salario base no muy malo, suficiente para mantenerte en la clase de cuello blanco más baja extendida en Nueva York.

¿Necesitas saber la mejor parte?

Su sueldo base de corredor de bolsa podría ser entre 50.000 a 70.000$, lo que solo te bastará para ocuparte de los gastos de tu ficha de enlace, alimentarte y tal vez tomar un taxi o dos. En cualquier caso, esto no cubre en absoluto las comidas, los vehículos, las excursiones, las escuelas de enseñanza, etc.

De este modo, supongo que puedes observar rápidamente que para que seas fructífero, vas a necesitar conseguir tu gratificación. Solo hay una dificultad: necesitas beneficiarte del intercambio diario. En apariencia, esto suena sensato porque reduces tu perfil de riesgo al tener otro flujo de pago con una remuneración base; en cualquier caso, tienes que actuar para seguir siendo empleado, y solo obtendrás alrededor del 10 al 30% de los beneficios que obtengas de tu movimiento de trading.

A la luz de estos números, necesitarías hacer alrededor de 300.000$ en beneficios de intercambio para llegar a una compensación de 100.000$.

Lo más probable es que la ventaja de hacer con una empresa es que, después de algún tiempo, tu influencia de compra se incrementará, y no tienes ninguno de los peligros del reembolso, ya que es el dinero de la empresa. La clave es asegurarse de tener mucho dinero bajo administración.

Como debería ser evidente, la manera de hacer dinero genuino es empezar a tratar con diferentes activos. Tú, de una manera u otra, sacas eso, y harás por lo general 576.000$ por año.

En efecto, has leído bien.

Me doy cuenta de que los 576.000$ parecen atractivos; sin embargo, recuerda que es un trabajo duro para llegar al punto más alto de la montaña.

Ingresos regulares operando para una empresa

La persona más solicitada puede esperar hacer algo en el rango de 100.000 y 175.000$. En conclusión, está dentro de lo posible que te encuentres por debajo de lo normal, por lo que podrías recibir una carta de despido.

En cualquier caso, detente: hay algo más.

Ciertamente, si ampliamos nuestra exploración más allá de Nueva York, verás que el sueldo normal de un "comerciante" es de 89.496$.

¿Quieres confiar en mí?

Empresas de trading abiertas

Sea como fuere, es posible considerar muchos empleos en los que se puede ganar cerca de 89.000$, y no se requiere el grado de responsabilidad y el riesgo que se requiere para el intercambio.

Podrías estar pensando: "Esta persona acaba de revelarme que podría ir tan alto como 250.000$ a 500.000$ en el caso de que sea mejor de lo esperado, y en donde 89.000$ se convierte en un factor integral".

Lo que he hablado hasta ahora son los tipos de pago para negociar en una organización de mercado abierto.

Un buen karma tratando de obtener información precisa para el universo de primera clase de corredores de valor privado. Lo que descubrirás es que regularmente los mejores corredores de la Chase y el Banco de América se esfuerzan por salir de las inversiones flexibles, como resultado de la oportunidad en sus opciones de intercambio y el potencial de compensación más significativa.

Aquí está la parte más importante, con las empresas de la población en general, los objetivos corporativos con frecuencia impulsarán un segmento de sus otros objetivos.

La magnificencia del mundo de la inversión multifacética es que mientras todavía hay objetivos de la organización, tienes la oportunidad de consumir una cantidad más significativa que la que sacrificas.

No es nada para un corredor superior superar a su jefe en la remota posibilidad de que lleven suficiente incentivo a la empresa.

¿Qué cantidad crees que podrías ganar?

Ventajas del trading intradía para una organización

- El pago.
- Beneficios médicos.
- La notoriedad de trabajar para un banco de riesgo o frente de inversiones.
- No hay peligro de capital individual.
- Ascender a las posiciones corporativas para manejar varios activos.
- El retroceso del trading será para la empresa.
- Debes conectar con los clientes.
- Cuestiones legislativas de la oficina.
- En general, se obtiene el 20% de los beneficios de la empresa pública.

Trading intradía para una firma prop

El trading intradía para las firmas de prop puede sentirse como vivir en el filo de la navaja.

Al igual que el trading para una organización, obtendrás cierta preparación antes de que la firma prorop te permita operar con su dinero y acercarte a sus marcos. A partir de ese momento, todas las similitudes entre el trading para una firma prop y una organización contrastan.

Trata de no esperar ningún servicio humano de tiempo de inactividad pagado. No tendrá una compensación base ni auditorías anuales. Las firmas prop esperarán que almacenes dinero en efectivo para comenzar a utilizar su fondo.

Las ventajas son que la firma prop compartirá ganancias contigo en cualquier punto desde 1/3 y hasta la mitad. Las desventajas son que de nuevo no hay compensación, y que cargas con una parte del tormento con respecto a las pérdidas.

Ahora bien, el problema es que la explicación que dan los traders de la firma prop no es precisamente la adecuada para las casas de inversión: el acceso al capital. Puesto que es probable que hagas trading en exclusiva con el efectivo del propietario de la firma, el conjunto de activos a los que te acercas es limitado.

Yo diría que un corredor mejor de lo esperado para una firma prop puede hacer alrededor de 150.000$ a 250.000$ cada año. El corredor típico hará en algún lugar en el rango de 60.000$ y 100.000$, y aquellos no tan hábiles tendrán un número tan grande de los límites de posición establecidos para ellos, que fundamentalmente repiten operaciones y generan ganancias.

Estos traders menos hábiles probablemente se expulsarán a sí mismos del juego, porque ensayando no se ocupan de las pestañas.

Ventajas

- Beneficios divididos con la firma prop.
- Comisiones bajas.
- Sin jefe.
- Incremento del margen.

Desventajas

- Utilizas tu flujo de caja para empezar.
- Pérdida de riquezas individuales.
- Preparación restringida.
- No hay ventajas médicas ni tiempo de inactividad remunerado.
- No hay movimiento vocacional.
- Solo generas dinero en efectivo de lo que adquieres.

Arturo Garcia

Capítulo 14: Cómo controlar las emociones después de una pérdida

No corras grandes riesgos

Debes evitar la codicia a toda costa cuando se trata de trading intradía. Antes de asumir cualquier riesgo, analiza la posibilidad de perder el dinero. Si no puedes hacer frente a la posibilidad de perder, entonces no vale la pena invertir tu dinero. Tenga siempre presente que, incluso con las mejores estrategias, las posibilidades de ganar la inversión en bolsa son del 50%. Además, tómate tu tiempo para aprender los índices exactos que se aplican en el mercado de valores, ya que fluctúan de vez en cuando.

No inviertas con intención de vengarte

Como ser humano, es probable que respondas a un fallo inevitable con una venganza. Nunca abordes el trading intradía con ese plan, ya que es probable que fracases terriblemente. Si se produce un fracaso, tómate tu tiempo y haz un estudio para conocer la causa; tómate el tiempo necesario para perfeccionar tu estrategia. Te aseguro que entrar en el mercado con una intención de venganza te causará más un perjuicio que un beneficio.

No negocies demasiadas veces

Es aconsejable que inviertas de vez en cuando pero solo hay que invertir cuando se presenta una excelente oportunidad. Un análisis adecuado es importante antes de poner tu dinero en cualquier mercado de valores. Sin embargo, puedes dedicar todo el tiempo que estimes necesario a analizar la situación del mercado en lugar de hacer las operaciones propiamente dichas. No dediques demasiado tiempo al trading ya que es una receta para el desastre.

No hagas scalping si eres nuevo en el mercado

Hacer *scalping* es simplemente tomar un atajo aceptando operaciones que duran sólo unos segundos. Aunque el *scalping* es una buena forma de hacer buen dinero, es un sistema peligroso. Se necesita un cierto nivel de habilidad y experiencia para entender y predecir un cambio repentino en los movimientos del mercado. En cada operación que se realiza, hay que pagar una comisión por el diferencial, independientemente de la dirección que tome cualquier operación. Por lo tanto, la experiencia y el conocimiento son esenciales, ya que tienes que conseguir puntos por encima del coste del diferencial.

Es importante que tomes notas mientras pruebas diferentes estrategias. Los dos factores más importantes son la experiencia y el conocimiento del mercado de valores.

No confíes en fuentes de información poco fiables

A menudo recibirás correos electrónicos, mensajes de texto o anuncios publicitarios en los que se afirma que se obtienen buenos beneficios con cualquier acción. No es que debas cerrar esas fuentes, pero asegúrate de que la información que dan es auténtica y fiable. Como buen trader, procura no caer en manos de corredores ávidos de emociones. Estas personas pueden fácilmente hacerte caer en una mala negociación y, por tanto, en pérdidas.

Mantente alejado de las acciones de centavo (penny stocks)

Como principiante en el trading intradía, las *penny stocks* deberían ser lo último que deberías probar. Los traders experimentados te dirán que no debes involucrarte en una operación que sea difícil de salir. Además, las acciones de poco valor tienen muy poca liquidez, por lo que las posibilidades de obtener grandes beneficios son escasas.

No te niegues a retirar tus ganancias

Es natural para cualquier ser humano querer más o nunca estar satisfecho con lo que tiene, ya que todo el mundo está en el negocio para hacer un dinero extra. No obstante, el error se produce cuando quieres ganar dinero rápido. En consecuencia, todo trader quiere obtener beneficios inconcebibles con su primera operación. Sin embargo, en el mercado de valores lo que parece una gran ganancia puede acabar siendo una gran pérdida. Esperar una gran ganancia de tu operación no es malo, pero hay que ser realista sobre el tipo de beneficios que esperas de tu inversión.

Ganar o perder en el trading intradía

La mayoría de la gente sigue de cerca el mundo del trading en línea. Curiosamente, algunas de estas personas nunca invierten en el trading. Bueno, no es malo entender cómo el comercio podría afectar a tus objetivos financieros. Sin embargo, también te tienes que dar cuenta de que hay beneficios al probar la idea del trading. Ganes o pierdas, hay algo importante que aprenderás de la actividad. Por lo tanto, si nunca has hecho trading, no deberías tener miedo de intentarlo. Después de todo, no hay nada malo en intentarlo. Recuerda que hay varios corredores que te ayudarán a iniciar tu actividad comercial sin tener que utilizar tus fondos. Esto es posible gracias a las cuentas de demostración gratuitas.

Saber que te espera algo tanto si ganas como si pierdes en el trading intradía debería motivarte a dar los pasos adecuados para convertirte en trader. Los traders que llevan algún tiempo en el negocio dirán que hay una sensación gratificante en aprender algo de una actividad emocionante como el trading intradía. En las siguientes líneas se abordan brevemente algunas lecciones de vida que aprenderá en el proceso del trading.

Mejora en la toma de decisiones

El trading en línea requiere que uno desarrolle un sólido proceso de toma de decisiones, ya que esto conducirá a los mejores resultados. Al encontrar constantemente una forma de mejorar el proceso de toma de decisiones, se incrementan las posibilidades de que obtengas una buena rentabilidad. La noción de hacer esto tendrá en cualquier caso un impacto positivo en tu vida. Cuando como trader tratas de mejorar la forma en que tomas tus decisiones, también acabas afectando tus resoluciones diarias. Esto significa que tu calidad de vida mejorará considerablemente.

Conciencia de ti mismo

Con el trading en línea, está garantizado que desarrollarás un sentido de autoconciencia que quizás nunca hayas tenido antes. Tener éxito en el trading en línea exige que mantengas siempre sus emociones bajo control. Operar con emociones a menudo nublará tu juicio. Por ejemplo, puedes quedarte demasiado tiempo en una operación sin vender. Además, podrías tener la tentación de entrar en una operación solo porque no tienes nada que hacer. Al final del día, incurrirás en pérdidas porque tu proceso de toma de decisiones está nublado.

En las circunstancias de la vida real, hay muchas veces en las que no percibimos la vida con objetividad. La mayoría de las decisiones que acabamos tomando afectan nuestra vida personal. Si decides aprender a tener éxito en el trading intradía, también aprenderás a tomar decisiones acertadas en la vida sin permitir que tus emociones se interpongan. La mejor parte es que también aprenderás a apreciar las cosas tal y como son. En pocas palabras, este es el tipo de personalidad que el trading intradía requiere de cualquier trader.

Habilidades empresariales

Resulta interesante que las habilidades que se obtienen mientras se practica el trading intradía puedan aplicarse en otros negocios que se puedan llevar a cabo. No hay ningún negocio que no tenga riesgos. Para tener éxito en los negocios, es necesario conocer la existencia de riesgos que podrían afectar negativamente a tu negocio. Del mismo modo, tienes que aprender a mitigar esos riesgos utilizando soluciones viables. Cuando eliges dedicarte al trading online, obtienes todas estas lecciones de forma gratuita. Las estrategias que emplees para reducir los riesgos pueden ayudarte a que tu negocio prospere siempre. Por lo tanto, como se ha mencionado anteriormente, tanto si tienes éxito como si fracasas en el trading intradía, hay algo bueno que te llevarás a casa.

La incertidumbre es tu mejor amiga

Nada está garantizado cuando te dedicas al trading en línea. Los mercados pueden moverse en cualquier dirección. Por lo tanto, podrías obtener beneficios o pérdidas en función de cómo predijeras el comportamiento de los mercados. En situaciones de la vida real, no hay nada de lo que estemos seguros. Tanto si se trata de abrir un nuevo negocio como de emprender una nueva aventura que nunca se ha intentado antes, todo es incertidumbre.

El trading en acciones a través de internet te ayudará a tener una mentalidad en la que aceptes que la incertidumbre es tu mejor amiga.

Asumir y reducir el riesgo

Nada está garantizado cuando te dedicas al trading en línea. Los mercados pueden moverse en cualquier dirección. Por lo tanto, podrías obtener beneficios o pérdidas en función de cómo predijeras el comportamiento de los mercados. En situaciones de la vida real, no hay nada de lo que estemos seguros. Tanto si se trata de abrir un nuevo negocio como de emprender una nueva aventura que nunca se ha intentado antes, todo es incertidumbre. El trading en acciones a través de internet te ayudará a tener una mentalidad en la que aceptes que la incertidumbre es tu mejor amiga.

Asumir y reducir el riesgo

La mayoría de la gente tiene miedo de probar el comercio en línea debido a los riesgos que conlleva. De hecho, un mito común que escucharás de los traders que han fracasado es que el trading intradía es demasiado arriesgado y poco rentable. Esto no es así. Solo perderás en el trading intradía cuando no pongas en práctica las mejores estrategias. Por ejemplo, es necesario que tengas una estrategia de mitigación de riesgos, así como una estrategia general de trading. Saber soportar grandes riesgos con la expectativa de obtener beneficios no es fácil, se trata de un arte.

Muy pocas personas están dispuestas a asumir riesgos en su vida y esta es la razón número uno por la que la mayoría de los empresarios fracasan. Decidir no correr riesgos puede resultar costoso. Esto se debe a que uno puede acabar perdiendo una oportunidad que habría transformado su vida. Por ello, el trading intradía te enseñará mucho sobre cómo asumir y reducir los riesgos.

La importancia de la diversificación

La frase "no hay que poner todos los huevos en la misma cesta" se aplica a numerosas situaciones de la vida. Ya sea en los negocios o en tu carrera, siempre es importante diversificar. La diversificación de las actividades evita que se produzcan grandes pérdidas. En los negocios, la diversificación te garantiza que obtendrás beneficios incluso cuando uno de tus negocios no funcione. Por ejemplo, si ofreces dos productos al mercado, mediante la diversificación puedes estar seguro de que uno de los productos funcionará bien. El trading intradía te enseñará que es importante diversificar, ya que te ayuda a repartir tus riesgos. Por lo tanto, es una lección valiosa para la mayoría de la gente.

Mira más allá de las ganancias financieras

Muchas veces te habrán dicho que debes tener pasión en lo que haces. Pues bien, esto es cierto para la mayoría de los negocios. La única manera de que tengas realmente éxito en los negocios es enamorándote de lo que haces. El trading intradía será una buena escuela de formación. Te ayudará a entender que lo que buscas es algo más que el dinero. Cuando negocies con cuentas más pequeñas, tu objetivo será adquirir experiencia y aprender a operar. Lo ideal es que tu objetivo sea aprender algo nuevo de la actividad de trading. Por lo tanto, existe una sensación de recompensa al saber que hoy es un mejor trader que ayer. Con esta mentalidad, vivirás para apreciar la idea de ganar experiencia de cualquier actividad que realices. De este modo, si vas a abrir una nueva tienda a la vuelta de la esquina y no tienes éxito, te alegrarás de haberlo intentado y haber fracasado, en lugar de no haberlo intentado del todo.

Espero que veas cómo el trading intradía podría impactar en tu vida de muchas maneras. Si tienes la mentalidad correcta cuando entras en cualquier mercado de trading, disfrutarás de la actividad a largo plazo. No te creas el alboroto que hay en la calle. Confía en que tu plan funcionará a pesar de algunas pérdidas aquí y allá. Como siempre, debes motivarte con la idea de que incluso el más experimentado de los traders incurre en grandes pérdidas. Por lo tanto, antes de pensar que el trading intradía no te servirá de nada, piénsalo dos veces.

Arturo Garcia

Capítulo 15: Tendencias y rangos

Entender la interacción entre las tendencias y los rangos es el segundo pilar del aspecto técnico del trading, siendo el primero la comprensión de la estrategia SR (*Support and Resistence*), es decir Soporte y Resistencia. Me atrevería a decir que si puedes leer bien el SR y entender la tendencia o la naturaleza de los rangos del mercado, no necesitas confiar en los indicadores o patrones de precios.

Podrás ser capaz de entender en qué dirección necesitas operar de forma automática, ya que esto será fácilmente evidente para ti. Mientras que la SR te ayuda a determinar los puntos de entrada exactos y los niveles en los que necesita colocar sus *stop-losses*, la comprensión de la tendencia frente a la naturaleza del rango del mercado te ayudará a decidir en qué dirección ubicar tus operaciones y cuánto tiempo puedes esperar razonablemente que las cosas continúen como van.

Así pues, empecemos por ver las tendencias y en qué consisten.

Tendencias

Se supone que las tendencias son las amigas del trader, o eso es lo que han dicho repetidamente todos los libros de trading que existen. Estoy de acuerdo con este pensamiento. Sin embargo, la cuestión es que muy pocos traders pueden identificar realmente lo que es una tendencia y cuan amigable es en el momento.

Pregunta a un trader principiante qué es una tendencia y es probable que señale con sus brazos un ángulo de 45°, ya sea hacia arriba o hacia abajo, y llame a eso una tendencia. La verdad es que esto es solo un tipo de tendencia. Las tendencias tienen diferentes grados de fuerza y la tendencia de 45° grados es apenas una de las muchas formas que adoptan las tendencias. También resulta ser la más amigable.

El comienzo

Por lo general, el momento exacto en que comienza una tendencia es difícil de precisar, pero afortunadamente, es necesario hacerlo para operar con éxito.

Las tendencias comienzan dentro de rangos y esto hace que la parte inicial de una tendencia sea un poco difícil de identificar. No se preocupe por lo que es un rango en este momento. Solo tenga en cuenta que no necesita entrar en la primera barra de una tendencia. De hecho, el mejor momento para entrar en una tendencia no es al principio, sino durante el período de transición entre el principio y la mitad.

La mitad

En el medio es donde realmente está la diversión. Aquí es donde ganarás más dinero si puedes identificar correctamente la fase en la que se encuentra la tendencia. En algún momento, hacia el final de la primera fase (el comienzo) de una tendencia, los traders con tendencia (a la baja en este caso) deciden que ya es suficiente y ejercen presión sobre el mercado.

El final

El final de una tendencia está marcado por 2 tipos de comportamiento de los precios. El primer tipo de comportamiento se llama agotamiento. El agotamiento se produce cuando la creciente presión contra la tendencia (en este caso alcista) empieza a alarmar a los traders de tendencia (a la baja en este caso).

Pero hay un problema: la tendencia alcista (bullish) es mucho más fuerte ahora y no va a desaparecer. Por lo tanto, los traders de tendencia a la baja (bears) se esfuerzan aún más en su empuje y en el proceso producen un enorme movimiento a la baja. La otra cara de la moneda es que, al hacerlo, se agotan y no queda nada.

Siguen una serie de barras más pequeñas y los traders de tendencia alcista siguen ahí. Por supuesto, no vuelven a empujar inmediatamente, pero recuerda que todavía estamos en una tendencia bajista. Las tendencias no se acaban de golpe y se vuelven a girar en la otra dirección. Hay un periodo de transición.

Contrasta el exhaustivo movimiento bajista con el empuje bajista del principio de la tendencia. Mientras que, al principio, los movimientos bajistas eran suaves y no tenían mucho empuje, aquí, los movimientos bajistas son bruscos y si no son lo suficientemente grandes, se borran inmediatamente.

Rangos

Los rangos son la otra condición en la que se encuentran los mercados. Los rangos son mucho más sencillos de entender y operar. En pocas palabras, cualquier movimiento lateral del mercado es un rango. Si estás entendiendo, los rangos son una parte de las tendencias, pero pueden existir por sí mismos. Estos 2 tipos de rangos tienen características diferentes y tu enfoque para operar con ellos también será diferente.

Lo que quiero decir es que la dirección que elijas para operar, así como las estrategias que busques (y las que ignores) cambian dependiendo del tipo de situación en la que te encuentres el mercado. Antes de entrar en los tipos de rangos, dediquemos algo de tiempo a entenderlos mejor.

Rangos dentro de las tendencias

Puede sonar contradictorio decir esto, pero los rangos son una parte importante de las tendencias. Los traders tienden a pensar que el mercado está en una tendencia o en un rango en todo momento. Esto es parcialmente correcto, pero ignora el hecho de que los rangos pueden formarse dentro de las tendencias y que la mera presencia de un rango no significa que la tendencia haya terminado.

La razón por la que se forman rangos dentro de las tendencias es bastante sencilla de entender. Los traders que empujan los precios en una dirección no pueden seguir haciéndolo indefinidamente. En algún momento, habrá un contraataque por parte de los traders de la tendencia contraria. Esta lucha se imprime como un rango en el gráfico de precios. Al principio de una tendencia, los rangos que se forman tienden a ser limpios.

Los he dibujado de todos modos, pero en realidad, para representar adecuadamente los límites, se necesitan 2 líneas horizontales en la parte inferior y superior. La otra cosa sobre estos rangos en medio de una tendencia es que es difícil señalar dónde comienzan exactamente. Por fortuna, no es necesario conocer la ubicación exacta. Siempre que identifiques que se está produciendo un rango, estarás bien.

Rangos al final de las tendencias

Mientras que verás múltiples rangos al principio o en medio de un rango, siempre verás un solo rango grande al final de una tendencia. La presencia de este rango es una confirmación de que la tendencia ha terminado y de que se está produciendo una redistribución de órdenes entre tendencias alcistas y a la baja.

Dentro de este rango, vamos a ver que los traders a la alza empiezan a absorber a los de a la baja y pronto. Es un indicador de lo grande que es el rango al final de una tendencia que tanto el comienzo de la nueva tendencia como los rangos formados en el comienzo de una tendencia estarán contenidos dentro de ella.

La nueva tendencia suele comenzar antes de alcanzar el nivel más alto. A medida que el precio se acerca al nivel de agotamiento, los traders a la baja comienzan a empujar desde arriba, mientras que los traders al alza empujan desde abajo. Esto hace que se forme un rango en el nivel o cerca de él. Este rango no es más que el que se forma al principio de una tendencia.

A veces, los nuevos traders de tendencia no reúnen la fuerza suficiente para poder romper el nivel de agotamiento. Esto da lugar a las llamadas falsas rupturas y a los "*whipsaws*", en los que verá que los precios rompen por encima del nivel e inmediatamente después vuelven a caer por debajo de él. Para evitar estas falsas rupturas, debes fijarte en la evidencia de que la presión está aumentando.

Cómo ponerlo todo en orden

Como he mencionado anteriormente, muchos traders principiantes y sin éxito piensan que la ruptura de un rango indica el inicio de una tendencia. Los rangos se producen dentro de las tendencias y las tendencias comienzan dentro de los rangos. La clave para operar de forma rentable es identificar las etapas correctas en las que se encuentra el mercado y luego operar en consecuencia.

Comienza observando si el precio se está moviendo en una dirección determinada o no, mirando de izquierda a derecha. Si ves un movimiento lateral o un gran número de retrocesos en forma de V, sube un marco temporal y echa un vistazo a lo que está sucediendo allí. En general, puede ayudarte empezar echando un vistazo al marco temporal más alto y luego pasar a tu marco temporal de negociación preferido.

Si ves que hay una tendencia, identifica qué etapas han pasado y cuáles están en marcha. La calidad de los rangos que se están formando te dirá esto con bastante facilidad. Observa cómo se comporta el precio y si repite los límites rotos. Cuanto mayor sea la volatilidad, mayor será la posibilidad de que esté ante algo que se encuentre después de la segunda mitad de la tendencia.

Si detectas un gran rango o signos de agotamiento, busca que la presión se acumule a medida que las órdenes se redistribuyan. Quizá te preguntes cómo encaja la SR en todo esto. Pues bien, los rangos que se formen te darán los niveles de SR adecuados. La parte inferior y superior de los rangos, los puntos de oscilación, etc., te proporcionarán niveles de SR desde los que puedes entrar, si decides operar sin indicadores o sin la ayuda de patrones de precios. A decir verdad, esta es la mejor manera de operar, pero operar "desnudo" de esta manera es intimidante para los principiantes.

Capítulo 16: ¿Qué tipo de trader eres?

El mundo del trading es un territorio apasionante y muy variado. Decidir qué tipo de trader te gustaría ser es una cuestión importante. Deberías decidirlo antes de empezar a invertir, porque "dominar tu estrategia" se convertirá en algo que influirá en gran medida en tus beneficios. Es menos probable que tengas éxito si eres indeciso y juegas con diferentes cosas sin llegar a dominar ninguna de ellas. Es mucho mejor enfocarse. Recuerda que cuando inviertes lo que tienes en juego es el dinero que has ganado con tanto esfuerzo. Por lo tanto, incluso si mantienes tu trabajo diario, esto no es un simple pasatiempo, es un verdadero negocio. Estoy seguro de que no intentarías iniciar ni dirigir un negocio de forma improvisada, como tampoco intentarías poner en marcha un restaurante, una ferretería y un negocio de limpieza del hogar al mismo tiempo. De la misma manera, deberías decidir si quieres ser un trader intradía, un swing trader, un trader de posición o un trader de opciones. A continuación, parte de ahí y domina lo que elijas. Intentar centrarse en demasiadas alternativas significa dispersarse, y es probable que te lleve a sufrir pérdidas o, en el mejor de los casos, a obtener unos beneficios mínimos.

Arturo Garcia

Repasemos algunas consideraciones básicas, con la idea de que tu propia personalidad coincida con cada estilo/tipo de negociación.

Trading intradía

El trading intradía es definitivamente un estilo de trading para personas orientadas a la acción que se puedan concentrar su atención al 100%. También tendrás que estar frente a tu ordenador de 2 a 4 horas al día durante las horas de trading diurno, por lo que es un compromiso a tiempo completo y no algo que probablemente vayas a perseguir como un hobby. El trading intradía utiliza ampliamente las herramientas del análisis técnico. Pasarás horas cada día investigando sobre las acciones para operar. También le dedicarás mucho tiempo a investigar y observar, para decidir el mejor punto en el que debes entrar en tus posiciones. Una vez que hayas entrado en una posición, vas a tener que permanecer pegado a tu ordenador. Debido a que los trader intradía se adhieren a valores muy volátiles, necesitan obtener beneficios en un solo día de negociación, vas a necesitar vigilar de cerca lo que está sucediendo. Tu punto de salida tendrá que ser preciso. Se trata de un estilo de negociación muy estresante y de alto riesgo, con la posibilidad de perder miles de dólares en un par de horas. Si tienes aversión al riesgo cuando se trata de dinero, ser un trader intradía probablemente no sea lo tuyo.

Para ser un trader intradía, también es necesario tener mucho capital a mano. Es decir, 25.000$ en tu cuenta en Estados Unidos. No arriesgues los 25.000$ si no puedes permitirte perderlos.

Swing trading

Si no está hecho para el trading intradía, pero le gusta la idea de beneficiarse de los movimientos de los precios y hacer algo de análisis técnico, probablemente el swing trading sea más su estilo. Para ello, los swings traders siguen utilizando todas las herramientas descritas en el libro. Este tipo de traders mantienen sus posiciones durante días o semanas. Eso hace que la presión sea menor, aunque la presión puede ser alta si no puede liquidar una posición de forma rentable. Si bien utilizará el análisis técnico, no será al mismo ritmo de "vivir o morir" en el terreno. El swing trading es un estilo de vida mucho más relajado. Puedes hacerlo a tiempo parcial, y puedes operar con valores de gran tamaño y fondos indexados que generalmente son evitados por los trader intradía. Esta modalidad representa un buen punto intermedio, y es una buena alternativa para aquellos que no desean la alta presión, o que quieren operar a tiempo parcial. Además, el swing trading no tiene requisitos de capital.

Trading de posición

Las transacciones de posición son, en realidad, transacciones de swing en un marco de tiempo más largo. Los traders de posición no operan con mucha frecuencia, y buscan oscilaciones de precios a largo plazo o incluso la apreciación de los precios. Los plazos van desde meses hasta incluso 1 o 2 años. A diferencia de los inversores a largo plazo, los traders de posición no buscan mantener posiciones a largo plazo. Las operaciones de posición pueden encajar de forma natural en un negocio de swing trading. Por otra parte, es algo que se puede utilizar junto con la inversión tradicional de comprar y mantener a largo plazo. Se necesita más análisis fundamental cuando se hace trading de posición, pero por lo demás no se utilizan conocimientos especializados, y por lo tanto sería similar al swing trading, sólo que en una escala de tiempo más larga.

Trading de opciones

Lo mejor del trading de opciones es que puedes empezar con unos pocos cientos de dólares, y si eres disciplinado, es decir, puedes evitar operar a gran escala hasta que sepas lo que estás haciendo con algo de experiencia, es posible que vayas acumulando ganancias poco a poco con el tiempo. Cuando tengas pérdidas, éstas se limitarán a un par de cientos de dólares o menos. Tiene que tener en cuenta que el comercio de opciones requiere muchos conocimientos especializados. Así que, aunque en teoría podrías hacerlo junto con otros tipos de operaciones, no es recomendable. No obstante, si el trading de opciones te atrae, deberías dedicarle toda tu atención. Es decir, además de las inversiones a largo plazo en acciones que tenga al margen. No te aconsejo que intentes hacer swing trading y trading de opciones al mismo tiempo. Conviértete en un maestro de la que más te atraiga y aprovecha para maximizar los beneficios.

Minimizar el riesgo

Independientemente del estilo o método de negociación que decida adoptar, mitigar el riesgo es una parte importante de cualquier actividad de negociación. Reducir el riesgo significa que nunca debes arriesgarte más de lo que puedes permitirte perder. También significa que tienes puntos definidos en los que tomas beneficios y sales de las operaciones. Veamos cada uno de estos puntos.

Arturo Garcia

Capítulo 17: Herramientas financieras adicionales

En la actualidad existen numerosos instrumentos financieros disponibles. Un instrumento financiero es un tipo de contrato entre 2 partes. Puede definirse como un documento que representa un pasivo para una parte y un activo para otra. Todos los instrumentos financieros son legalmente ejecutables y contienen un valor monetario. Estos instrumentos financieros pueden crearse, negociarse e incluso modificarse.

Los instrumentos financieros pueden ser documentos o contratos. Los documentos contractuales incluyen acciones, bonos, opciones y futuros. Sin embargo, a grandes rasgos pueden clasificarse como instrumentos derivados o instrumentos de efectivo. Los derivados son instrumentos cuyo valor se deriva de las características y el valor del instrumento subyacente. Los instrumentos en efectivo obtienen su valor enteramente de los mercados. Un buen ejemplo de instrumento de efectivo es una acción o un título. Estos son muy fáciles de liquidar o transferir.

Hay muchas otras clasificaciones en función del tipo, la clase de activo, etc. Por ejemplo, los instrumentos de deuda pueden clasificarse como deudas a largo o a corto plazo. Otros, como los instrumentos basados en el mercado de divisas, pertenecen a una clase propia.

Acciones

Las acciones son el tipo de valor más común con el que te puedes encontrar. Se negocian en el mercado de valores, que es un mercado secundario. Los propietarios o titulares de las acciones suelen negociar con compradores dispuestos a ello de forma regular en la bolsa. En la mayoría de las ocasiones, si no en todas, comprarás o negociarás acciones con otros participantes interesados, pero no con la empresa matriz.

Cada acción tiene una cotización. Esta cotización nunca es fija, sino que varía en función de una serie de factores. Las cotizaciones no son la única información que se ofrece. También disponemos de otra información relacionada con las acciones. Por ejemplo, los traders están interesados en los volúmenes negociados, ya que el volumen es un gran indicador de la liquidez.

Los precios de las acciones suelen determinarse mediante un proceso de subasta en la bolsa. Los compradores y los vendedores básicamente hacen ofertas y pujas, y cuando coinciden se concluye la venta. Si deseas comprar acciones, debes acudir a tu agente de bolsa, que realizará las pujas en tu nombre. También puedes abrir una cuenta en línea y hacerlo a través de una plataforma de negociación. La mayoría de las transacciones se han trasladado a internet, lo que hace más fácil y cómodo negociar con acciones y participaciones.

Existen diferentes tipos de órdenes en el mercado de valores. Por ejemplo, tenemos órdenes limitadas y órdenes de mercado. Una orden de mercado es aquella en la que un cliente utiliza una plataforma en línea o da instrucciones a un corredor para vender o comprar acciones al mejor precio posible. Las órdenes de mercado nunca garantizan el precio que se desea, pero es casi seguro que se obtendrá el número de acciones deseado.

Introducción a las órdenes limitadas

Una orden limitada se refiere a un precio establecido que se utilizará para vender o comprar un valor u otro activo financiero. Cuando un inversor utiliza una orden limitada, entonces consigue determinar el precio al que se venden o compran los valores. Esto es completamente diferente a las órdenes de mercado porque en este caso, una orden de venta o de compra solo se ejecutará cuando se alcance la orden limitada.

Ejemplo

Tomemos el ejemplo en el que un inversor quiere comprar acciones XYZ a 60$. El precio actual de las acciones de XYZ es de 62$, por lo que la orden limitada se fija en el precio de 60$. Las acciones de XYZ se comprarán cuando se alcance este precio. El precio puede fluctuar en cualquier sentido, pero no se realiza ninguna compra hasta que se alcance el precio de 60$. La orden se ejecuta hasta que se compre el número de acciones deseado.

Supongamos ahora que el inversor desea vender la misma acción XYZ a 63$. Se establecerá una orden limitada por ese importe. Una vez que se alcanza este precio, se ejecuta la orden y se vende la acción. Así de efectiva y poderosa es la orden limitada.

Esta orden se ejecuta solo cuando se alcanza el precio establecido. Es completamente diferente a una orden de mercado. Las órdenes de mercado tienden a ejecutarse en las condiciones imperantes en el mercado. Los traders prefieren las órdenes limitadas por su precisión. Estas órdenes son especialmente útiles en un mercado volátil. Las órdenes limitadas proporcionan un mayor control sobre el proceso de compra y venta de acciones.

Cómo aplicar las órdenes limitadas

Las órdenes limitadas se utilizan principalmente cuando prevalecen ciertas condiciones de mercado. Piense en situaciones en las que una acción en particular está cotizando en rangos entre 60 a 70$. Esto se considera una acción extremadamente volátil y la orden limitada sería muy útil en tal mercado. Cualquiera que utilice una orden de mercado estará en desventaja porque no podrá controlar el precio de compra.

Las órdenes limitadas también son útiles en situaciones en las que el trader está preocupado y no puede seguir los mercados. Las órdenes protegerán sus intereses y garantizarán que siga controlando el precio de compra o de venta. También es posible tener órdenes limitadas abiertas, pero con una fecha de vencimiento determinada.

Además de las órdenes limitadas y de mercado, también tenemos las órdenes stop. Existen claras diferencias entre todas estas órdenes. Todas estas órdenes se emiten al corredor, que las ejecutará según sus indicaciones. La parte importante a tener en cuenta es que tanto las órdenes limitadas como las stop se oponen a las órdenes de mercado. En lugar de dejar que el mercado determine el precio, es el trader quien determina su precio de venta o de compra.

Una orden limitada significa simplemente una orden de todo o nada. En este caso, cuando colocas una orden, solo se cumplirá si recibe toda la cantidad de acciones que deseas. Por ejemplo, si deseas comprar 500 acciones de la acción ABC, entonces esta orden AON o de todo o nada solo se cumplirá si las 500 acciones están disponibles. Si la oferta es insuficiente, la orden no se cumplirá.

Órdenes Stop

Una orden de stop puede definirse como una orden que un trader o inversor da a su agente de bolsa para que venda o compre determinados valores, como por ejemplo acciones, cuando se supera un determinado precio.

Las órdenes de stop se prefieren cuando es importante entrar o salir de una operación en un punto predeterminado. El objetivo principal de esta orden es bloquear los beneficios o, en otros casos, evitar o limitar las pérdidas. Si el precio cruza algún punto de salida o de entrada, entonces se convierte en ese momento en una orden de mercado.

Ejemplo

En este caso, tenemos un operador que posee 300 acciones de ABC. Cada acción cuesta 10$, pero el trader cree que el precio de la acción subirá a 13$ en el plazo de un mes. Sin embargo, el trader no desea perder dinero si el precio empieza a bajar. Por lo tanto, el corredor recibe instrucciones para colocar una orden de stop a 9$. La orden de stop iniciará entonces una orden de mercado para que se vendan las acciones. Por lo tanto, si el precio sube, el operador obtendrá un beneficio, pero si el precio cae, las pérdidas serán limitadas.

Puntos importantes a tener en cuenta

En general, las órdenes stop se activan en cuanto el precio de una acción se mueve más allá de un punto determinado. Por lo general, existen 2 tipos distintos de órdenes stop. Una es una orden de stop para vender y la otra es para comprar acciones. Estas órdenes se utilizan idealmente para bloquear los beneficios tras una subida de precios o para limitar las pérdidas en la tendencia bajista.

Diferencias inherentes entre las órdenes de stop y las órdenes de límite

Las órdenes se emiten generalmente a los corredores de bolsa después de que se inicie una operación. Orientan a un corredor sobre cómo reaccionar ante la actividad en la plataforma de trading. De este modo, un trader puede ser más específico sobre cómo quiere que se ejecuten sus operaciones. Tanto las órdenes de stop como las limitadas son mensajes claros al corredor de que lo que se necesita es un precio distinto al del mercado. El precio de mercado es, básicamente, el precio al que se negocia una acción en los mercados.

Una orden limitada es generalmente conocida y visible. Puede ser dictada por un operador y ejecutada según lo indicado. Sin embargo, una orden de stop nunca es visible en los mercados. Sólo se hace visible en cuanto se activa. Por lo general, las órdenes stop evitan que se produzcan riesgos.

Las órdenes stop son importantes

Las órdenes stop se consideran ampliamente como estrategias de inversión y de trading. Constituyen una estrategia esencial que ayuda a los traders a minimizar las pérdidas mientras se benefician sin límite de una tendencia alcista. Estas órdenes también ayudan a la automatización. Cuando se establecen, un trader no tendrá que supervisar sus operaciones de forma regular y constante. Esto proporciona no solo alivio, sino también tranquilidad para que el trader pueda ocuparse de otros asuntos. Las órdenes de stop ayudan a prevenir las ejecuciones parciales y las no ejecuciones. Los traders pueden esperar que sus órdenes se ejecuten de la forma deseada. Estas son algunas de las razones por las que las órdenes stop son extremadamente importantes.

Ejemplo

En este caso, habrá una contingencia colocada en un precio o cantidad preferida. Es posible que desees vender o comprar acciones a un precio determinado. Una vez superado este precio, se detendrá toda compra o venta. Por ejemplo, si estás comprando acciones, es posible que quieras comprar a un precio que no supere los 50$. Mientras el precio de las acciones se mantenga en este precio o por debajo de él, la orden se cumple. Pero una vez que el precio de las acciones supere los 50$, la orden se detendrá.

Trading con margen

También tenemos una estrategia conocida como trading con margen. El margen se refiere a un préstamo proporcionado por un corredor para fines de trading. Cuando realizas operaciones con margen, significa simplemente que estás comprando acciones utilizando fondos prestados. Lo mismo ocurre cuando se trata de acciones o títulos que no le pertenecen. Cuando vende en corto, significa que está vendiendo acciones que pertenecen a otra persona.

Tanto el margen como la venta en corto son populares entre los traders. El propósito es siempre vender o comprar con el objetivo de recomprar o vender con el objetivo de obtener ganancias de la operación. Al mismo tiempo, operarás con la esperanza de devolver las acciones prestadas o de reembolsar el préstamo de margen.

Índices bursátiles

Podemos definir un índice como una medida o indicador de un determinado parámetro. Cuando se trata de financiación, el índice se refiere a una medida de la variación de un mercado determinado. Como valores negociados en los mercados financieros tenemos las acciones, las participaciones y los bonos. Algunos de los índices más populares en Estados Unidos son el S&P 500 y el DJIA o Dow Jones Industrial Average. También tenemos otros como el US Aggregate Bond Index. Estos índices se utilizan a menudo para evaluar el rendimiento de los mercados de bonos y acciones de EE.UU. y son medidas de la economía estadounidense.

Una mirada más cercana a los índices

Existen diferentes índices y cada uno está relacionado directamente con los bonos o con los mercados de valores. Además, cada índice tiene una fórmula de cálculo específica. Normalmente, el valor numérico de un índice no es tan importante como el cambio relativo del mismo. La parte más crucial para los inversores suele ser la cantidad total que un índice ha bajado o subido con un periodo de tiempo como 24 horas, por ejemplo.

Los índices tienen un nivel base de 1.000. Sin embargo, los inversores y traders suelen estar interesados en la variación del índice a partir de este nivel base. Por ejemplo, si el FTSE 100 tiene un valor de 7643,50, podemos ver que es casi 8 veces mayor que el nivel base. Como trader, debes estar atento al porcentaje de caída o subida de un índice.

Capítulo 18 ¿En qué debes invertir para ser exitoso haciendo trading intradía?

El trading intradía nunca es igual siempre. Cualquier trader que haya estado operando durante un periodo de tiempo superior a un año se dará cuenta de que nunca hay 2 días iguales. Aunque no hay similitudes en el día, todavía hay patrones en las tendencias. Se producirán a lo largo del tiempo, pero estarán ocultas dentro de un movimiento aleatorio del precio que tiene lugar diariamente.

Hay configuraciones de 5 días que pueden ocurrir a lo largo de un tiempo específico, y al menos 1 o 2 ocurrirán dentro del marco de tiempo de un día. Sin embargo, no todas ocurrirán en el mismo período de tiempo. Aprender estas configuraciones de trading te ayudarán a explotar el potencial de ganancias.

Contexto dentro de los patrones

Conocer el patrón y observarlo no va a ser suficiente para tener éxito en el trading intradía. Estos patrones ocurrirán con frecuencia; sin embargo, solo tienen poder cuando aparecen en un contexto específico. Es necesario que entiendas el precio de la acción para tener una gran apertura al hacer trading intradía. Identifica cuando los traders están atascados, ya que el precio tendrá motivo para subir en una dirección forzada, lo que significa que los traders están vendiendo. Estas configuraciones ocurrirán durante los puntos emocionales. Es entonces cuando los traders sentirán el dolor o la codicia. Sin embargo, no hay certeza de que esto ocurra antes de los grandes movimientos y no significa que se produzcan fuertes cambios como resultado de ello. No tenemos un conocimiento exacto de lo que los traders piensan, o si los actos se llevarán a cabo sobre la base de estos pensamientos. Al observar la acción de los patrones de precios, verás acontecimientos regulares. Estos pueden producir resultados que son similares, lo que puede mejorar la posibilidad de que la operación sea rentable.

Las compras por impulso crean un retroceso que resulta en una ruptura consolidada.

Para hacer trading puedes comenzar con un movimiento que se inclina fuertemente en una sola dirección. Esto tendrá lugar entre 5 y 15 minutos después de que el mercado abra para hacer trading. En el mercado de valores se le conoce como onda de impulso. El precio de la acción entonces retrocederá y luego se estancará. Esto forma la consolidación para que el precio se mueva lateralmente durante unos 3 minutos. La consolidación debe ocurrir dentro de un rango de onda de impulso. El retroceso o consolidación tiene que darse a un precio más bajo que el de apertura. Debido a la dirección de los impulsos iniciales, el inversor esperará y experimentará la ruptura que deja la consolidación en la línea de la acción. Las rupturas que se dirigen en la dirección opuesta no se negocian. Es conveniente consolidar y retroceder si el precio se recupera nada más abrir. A continuación, debes esperar a que el precio esté por encima del precio de ruptura consolidado, y entonces se activa la operación en largo. La consolidación debe ser, en comparación con otras, pequeña en relación con la onda de impulso que la va a preceder. El patrón se vuelve menos efectivo cuando la consolidación se compara con la onda de impulso grande. Durante el retroceso, debe haber un retroceso distinto, así como ondas de impulso que sean distintas. Si no son distintas, la efectividad del patrón es menor y se evita.

Este patrón puede verse a lo largo del día de negociación y puede ser la manera de hacer que se genere una tendencia. Esto hace que sea una estrategia que puede ser utilizada en la mayoría de los marcos de tiempo y en el mercado. Los movimientos más poderosos que tendrá un mercado tendrán lugar durante la apertura del día, por lo que atrapar esa primera hora es importante. Puede significar cosas importantes para tu cartera y crea grandes impactos con tu rentabilidad. Si ocurre más tarde en el día, entonces puede crear movimientos más pequeños en el precio.

Ruptura de consolidación y reversión

Los impulsos no siempre van seguidos de retrocesos que son pequeños. Puede haber grandes movimientos que se dirijan en una dirección. Sin embargo, pueden crecer en el movimiento aún mayor a una dirección que es opuesta a la original. Esto es una inversión de la dirección. Concéntrate en los grandes movimientos más recientes.

Si el precio cayó a 0,20$ en la apertura, y luego sube a 0,30$, no te distraigas con esa primera caída ya que no importará de todos modos. Ahora tendrá lo que se llama un impulso al alza. Debes estar atento a la caída del precio solo un poco, y luego consolida la acción. Si la consolidación rompe los 0,01$ entonces quédate más tiempo. Si el impulso es al revés, puedes esperar a que el retroceso sea al revés. Entonces verás que el impulso tiene un retroceso menor.

Reversión de soporte/resistencia

En este caso se trata de líneas horizontales y de líneas diagonales. Te apuntarán a una dirección en la que el precio se ha invertido durante al menos 2 episodios anteriores. Esto incluirá ese punto de partida. Tienes que saber que el soporte, así como la resistencia, no son un precio exactamente sino un área. No se requiere que el setup esté cerca del soporte, ni de la resistencia. En otras palabras, puede tener lugar ligeramente por debajo o por encima de ellos. Esto te indica que debes estar en alerta máxima, ya que puede producirse un retroceso. Debido a esto, tienes que sentarte y esperar la consolidación que está cerca. Hay una señal para el trading si el precio de ruptura está por encima del soporte que es la consolidación, o por debajo de la consolidación que es la resistencia. Si se produce esta señal, que el precio del comercio se movió un centavo más alto que la consolidación cerca del apoyo y la caída de la resistencia con la que se produce en el patrón, deja el comercio de inmediato. Si la resistencia se rompe por encima o por debajo de la zona de soporte ten en cuenta que la operación de ruptura podría ser aplicable.

El área de ruptura es fuerte

Esta es una forma de moda para el trading de una ruptura que está por encima o por debajo de la zona de soporte principal. Sin embargo, es una de las más difíciles. Aunque se prefieren las estrategias anteriores, es beneficioso explorar opciones estratégicas para situaciones especiales que puedan surgir. Busca un nivel que haya hecho retroceder el precio para múltiples estrategias que son básicas. Este precio subirá y luego llegará a 25,25$ sin embargo, y luego cae. Aunque realices este baile varias veces, puede costar romperlo. Una vez que la zona ha probado ese precio 3 veces más, puede haber una operación de día asegurada que se note. De repente, el precio llega a 25,26$. Esto puede señalar movimientos de importancia. Las rupturas no garantizan movimientos que sean grandes. Es posible que no se produzca un movimiento que sea grande, y el precio puede romper los límites que son estratégicos y dispersos. Al hacer movimientos fuera de la zona, deberías ver un movimiento significativo fuera de la visual que es el precio probado. El patrón puede perder la eficacia que resultará en que es significativamente rechazado por el precio que está cerca de la zona. Esto significa que debes ver varios rechazos que han sucedido en múltiples ocasiones.

Una vez que los traders empujan el nivel del precio de nuevo, se convierte en un patrón de potencia, a pesar del nivel al que es enviado. El precio de hecho es opuesto en dirección para múltiples ocasiones en el pasado. Esto muestra que tienen una mayor resolución que las direcciones opuestas que los traders van.

Cómo hacer del trading intradía tu trabajo

Si has abierto una cuenta de corredor y comienzas a comerciar con acciones, no es necesario que tengas una licencia. Si planeas trabajar para una empresa para negociar acciones, entonces necesitarás adquirir una licencia de la serie 7. Esto requiere un número específico de horas en un salón de clases y luego una prueba que le dará la licencia como corredor de bolsa. Para vender y comprar acciones para otros, incluso como negocio propio, necesitarás la licencia. Para tus propias ganancias financieras personales, puedes usar una cuenta de corretaje en línea y ganar dinero para ti.

La licencia de la Serie 7 es un examen que se realiza después de haber completado un número específico de horas de formación y aprendizaje. En un trabajo que implica el comercio de acciones, bonos y otros valores y entonces tendrás que seguir las directrices que se establecen por la SEC (Securities and Exchange

Commission). Estas regulaciones requieren que tengas registro de la Autoridad Reguladora de la Industria Financiera (FINRA). Este requisito establece que necesitarás representantes con licencia de corredores de bolsa y de valores. Hay varias opciones de registros FINRA; sin embargo, el más necesario será el de Representante Registrado de Valores Generales. Esto requiere que completes una clase y pases el examen que se llama serie 7. Hay algunos exámenes limitados que pueden proporcionarte capacidades limitadas en materia de valores. Estos le permiten negociar bonos u opciones específicas. Una vez que apruebe el examen adecuado, completará los requisitos de la licencia. Esto significa que puedes solicitar tu licencia de la serie 7.

Para hacer el examen y obtener la licencia, necesitarás que un empleador te patrocine para el examen. Esto significa ser patrocinado por un miembro de FINRA para el servicio de la empresa financiera. Tendrás que ser contratado por una firma de corretaje y luego pasar a través de una formación rigurosa y te pondrás a trabajar con un mentor de trading. A continuación, te patrocinarán para obtener la licencia como trader de valores. No hay muchos requisitos previos que se requieran para ser contratado como corredor de bolsa, sin embargo, la licencia se requiere una vez que se empieza a operar. Una vez que seas contratado, tendrás un acuerdo que establece que serás empleado solo hasta que pases la prueba de la serie 7. La empresa a menudo te proporcionará la formación necesaria o los cursos que te permitirán aprobar el examen. Un trader autónomo es capaz de operar sin requisitos de licencia para el trading dentro de su propia cuenta con el corredor. Tienes que usar tu propio dinero y si no puedes hacer una carrera exitosa entonces perderás tu nueva carrera. Si comienzas con una cuenta más pequeña y la utilizas para aprender sobre la marcha, serás capaz de comerciar de forma rentable antes de convertir esto en tu trabajo a tiempo completo. Entonces podrás cambiar el trabajo del día por una profesión que sea rentable a tiempo completo.

Muchos de los traders intradía operan con acciones, aunque es igual de popular para un trading intradía operar con bonos, así como con divisas o incluso con materias primas. Por lo general, hay que buscar valores que reúnan estas características:

- Un volumen de operaciones que sea grande y muy líquido.
- Bonos que sean volátiles: Quieres cambios frecuentes en el precio porque esto permite al inversor obtener ganancias rápido.
- Acciones que sean conocidas por ti: Necesitas conocer el historial de precios de esa acción en particular y los diversos acontecimientos que designan cómo reaccionará ante los cambios económicos o los informes de ganancias. Este es un factor decisivo. Los traders intradía a menudo solo operan con unas pocas acciones específicas seleccionadas, desarrollando su experiencia en las

empresas con las que operan. Esto les ayudará a limitar su enfoque para no pensar de forma demasiado amplia.

- Los valores de interés periodístico son una opción. Los informes de noticias sobre una acción tienen una forma de desencadenar que los inversores compren o vendan. Como trader intradía, tendrás que estar al tanto de estos acontecimientos para poder realizar operaciones que te beneficien.

Arturo Garcia

Capítulo 19: Success Stories

Un joven de 22 años

Alex empezó a hacer trading a través del sitio web Investors Underground. Muchos traders utilizan ese sitio web, y cada uno de ellos tiene su propio estilo para hacer trading. Alex fue capaz de hacerse un nombre por sí mismo al convertirse en uno de los mejores vendedores en corto en la plataforma de IU. Tenía solo 22 años y se había convertido en un exitoso trader intradía y swing trader. Actualmente sigue cambiando su estrategia.

Alex comenzó a interesarse por el mercado de valores alrededor de los 19 años. Su padre le había expuesto al espíritu empresarial a través de sus numerosos negocios de éxito. Cuando el negocio de su padre empezó a crecer, el padre de Alex comenzó a invertir sus beneficios extra en el mercado de valores. Como la mayoría de los inversores de primer orden, su padre utilizaba una estrategia de "comprar y mantener" para sus inversiones. A medida que su padre empezaba a ganar dinero, Alex también se interesaba cada vez más por el mercado de valores.

En el futuro, el negocio de su padre empezó a decaer. Alex sintió que necesitaba mantenerse a sí mismo y contribuir un poco más a la familia, así que decidió empezar a trabajar en Starbucks. Cuando llegaba a casa del trabajo cada noche, Alex pasaba unas horas investigando el mercado de valores.

Al cabo de un tiempo, acabó abriendo una cuenta para hacer trading y se apuntó a un chat de acciones de bajo coste. La sala de chat a la que se unió se centraba principalmente en la compra de rupturas, por lo que éste se convirtió de manera natural en su primer estilo de hacer trading. El problema con esto fue que las cosas no estaban funcionando para él. Cada vez que Alex compraba una ruptura, la acción se movía en su contra. Finalmente, había agotado su primera cuenta.

Alex continuó trabajando de 9 a 5, pero también siguió aprendiendo a hacer trading intradía. Finalmente, decidió volver a hacer trading intradía. Para financiar su nueva cuenta de 2000 dólares, tuvo que vender las llantas del coche que le habían regalado. Alex sabía que algo tenía que cambiar esta vez si quería tener éxito. Ahora sabía que comprar rupturas no era una buena estrategia. Esta vez, Alex descubrió la venta en corto.

Fue entonces cuando Alex decidió unirse a Investors Underground y comenzó a observar a otros traders. Le gustaba mirar las razones por las que elegían la venta en corto, y luego les enviaba mensajes privados con varias preguntas. Al final llegó a la conclusión de que estos vendedores en corto vendían acciones que no deberían haber subido. Después de haber estudiado estas tácticas de venta en corto durante bastante tiempo, decidió hacer su primera operación.

La primera operación que Alex realizó fue con la acción VGGL. Cuando lo hizo, puso en corto 2.000 acciones, y luego la acción retrocedió unos 50 centavos por acción, lo que significó que Alex ganó 1.000 $. Ahora estaba enganchado a las ventas en corto. Encontró acciones que habían subido mucho y comenzó a venderlas en corto, pero no había implementado ninguna regla real.

Comenzó a darse cuenta de que para convertirse en un trader más exitoso y consistente, necesitaba desarrollar mejores criterios. Alex optó por centrarse en las acciones que tenían una empresa subyacente que no estaba operando correctamente, que publicaba noticias de poca importancia y que seguía añadiendo deuda. Este nuevo criterio para las acciones comenzó a dar forma a la estrategia general de Alex en el momento justo.

Las acciones tenían muchos corredores locos, y este nuevo criterio que Alex ideó le ayudó a vender en corto sus acciones en el momento adecuado y por las razones correctas. La capacidad de selección que implementó le ayudó a obtener resultados consistentes. Alex aprendió rápidamente que la selectividad y la paciencia eran factores importantes para obtener los mayores beneficios.

Alex sigue centrándose en esperar y ser paciente para conseguir la mejor configuración. Aquí hay algunos consejos que Alex tiene para un nuevo trader intradía:

- Hay que tener un criterio para ser un trader consistente. La selectividad y la paciencia son importantes para obtener beneficios.

- Selecciona un nicho y céntrate en él, ignorando todo lo demás. Alex no se preocupa por la salida a bolsa de SNAP, ni por lo que ocurre con FB porque ese tipo de operaciones no forman parte de su nicho.

- Transferir dinero a tu cuenta bancaria habitual reducirá parte de la presión porque estarás seguro de que todavía puedes cubrir los gastos diarios.

- Cuando encuentres consistencia, aumenta la escala. Aumentar la escala no es tan fácil como aumentar el tamaño de las posiciones.

- Cuando aumentes la escala, tienes que ser más selectivo porque el tamaño de la posición podría influir en el precio de las acciones de baja flotación.

La especialidad en negocios

Ángela es la siguiente historia de éxito. Se graduó en una escuela del sur de Florida en julio de 1998 con un título en negocios. Empezó a trabajar como camarera en un restaurante de sushi para mantenerse, mientras pensaba en lo que iba a hacer después.

Las costumbres chinas le enseñaron que tenía que trabajar duro y ahorrar dinero para un día lluvioso, así que decidió poner 15.000$ en un fondo de inversión. Un día recibió un extracto que decía que había obtenido una rentabilidad del 12% en su primer año, lo que suponía una ganancia de 1.800$.

Cuando le contó a su amigo que había ganado, éste le dijo que podría haber obtenido entre 5 y 10 veces más si hubiera invertido su dinero en acciones. Inmediatamente le entró la curiosidad por el mercado de valores. Le pidió a su amigo que empezara a enseñarle sobre las acciones. Le presentó muchas suscripciones diferentes y le dijo que *Investor's Business Daily* era la mejor.

También le dijo que veía la CNBC todos los días. Ángela abrió su primera cuenta de corretaje con un depósito inicial de 2.000$. En las noticias, vio que las acciones de "The Sharper Image" habían pasado de 8 a 20$ en un solo día y que estaban planeando abrir tiendas online. Tomó nota del teletipo y se mantuvo atenta a las acciones. Las acciones volvieron a bajar a 9 dólares en pocos días, y entonces compró 200 de ellas.

Unos días después, las acciones subieron a 21$ y las vendió, duplicando así su inversión inicial. Se sorprendió al ver que en solo unos días había obtenido un 100% de beneficios. Esto le pareció mejor y más fácil que tener su dinero creciendo lentamente en un fondo de inversión. Al día siguiente sacó su dinero del fondo de inversión y lo añadió a su cuenta de E-Trade, con lo que llegó a los 20.000$.

Compró varios libros de trading y empezó a leer más sobre trading. Siguió el IBD, aprendió sobre los fundamentos y operó con la mayoría de los valores más importantes del día, pero se basó principalmente en su instinto. Entonces se dio cuenta de que el comportamiento de los precios de sus acciones empezó a cambiar.

Un día, tenía 100 acciones de NSOL con una ganancia de 70 puntos, y unos días más tarde, NSOL empezó a hundirse debido a las noticias negativas. No pudo moverse al ver que las cifras seguían cayendo, pero tuvo suerte porque al día siguiente abrió 20 puntos al alza. Rápidamente los vendió para obtener una ganancia de 2.000 dólares.

Otro día, cuando la CNBC anunció que MSTR tenía problemas de contabilidad, la acción bajó 100 puntos en solo 10 minutos. Se deshizo de sus 200 acciones, con una gran pérdida. Ese tipo de días fueron los que le enseñaron a soportar la gran volatilidad.

Este nivel extremo de volatilidad en el mercado empezó a ocurrirle con más frecuencia a finales de 1999. Fue entonces cuando empezó a ponerse en corto con los grandes valores. Se puso en corto con YHOO en el máximo histórico de 500 dólares, y más tarde bajó hasta cuatro dólares. Se puso en corto con CMGI en su máximo histórico de 300 dólares, y un año más tarde estaría a 1$. Puede que tuviera buenos puntos de entrada, pero sólo consiguió ganancias parciales.

Entre 1998 y 2000, fue capaz de aumentar su fondo inicial en un 800% a pesar de la montaña rusa. Entonces comenzó un mercado bajista en septiembre de 2000 hasta marzo de 2003. Se dio cuenta de que los viejos métodos no funcionaban tan bien. Gastó algo de dinero para aprender más sobre el trading intradía, pero no le funcionó. Finalmente, se encontró con Dan Zander, un trader intradía de éxito, y decidió que él sería su mentor.

En 2006, volvió a hacer trading a tiempo completo. Tras su curva de aprendizaje de pérdidas y ganancias, sus operaciones acabaron siendo consistentes y rentables. Empezó a combinar el método de hacer trading que había aprendido de Dan y el suyo propio. En 2008, finalmente vio que su duro trabajo daba sus frutos. Convirtió su fondo de trading de 50.000$ en más de 1.000.000$.

Sigue haciendo trading y, como todos los traders, tiene sus altibajos. Pero se levanta y sigue adelante.

El trader modesto

A Ross, trader intradía, le gusta hacer retos de trading para exigirse a sí mismo. Empezó el 2017 con un nuevo desafío en mente. Se dio tres meses y se puso como objetivo ganar 100.000 dólares. Empezó con 583,15 dólares en su cuenta. Pensó que lo iba a tener difícil, pero terminó subestimando sus habilidades. Alcanzó su objetivo en sólo un mes y medio. Cuenta su historia con algunos consejos que aprendió durante su desafío.

Empezar es la parte más difícil

Esto puede considerarse una verdad para casi todo, no solo para hacer trading intradía. Ross descubrió que las primeras semanas fueron la parte más difícil de su viaje. Durante esas semanas, no tenía prácticamente ningún margen de error. La cantidad inicial de su cuenta significaba que unas pocas operaciones malas le harían caer por debajo del mínimo necesario. Utilizaba mucho las teclas de acceso rápido para asegurarse de que entraba y salía de las posiciones tan rápido como podía y tenía que ser muy disciplinado.

En las primeras semanas, su objetivo era captar 20 céntimos de subida en cada una de sus operaciones, y colocaba topes duros si su posición bajaba de 10 céntimos. Para sacar el máximo provecho de sus operaciones y reducir sus comisiones, sólo podía hacer unas pocas transacciones, manejar mucho volumen y confiar en el impulso para aprovechar las rupturas.

Mientras mantuvo sus expectativas bajo control, tuvo bastante éxito con su estrategia. Aun así, le resultaba deprimente llevarse solo 200 o 300$ cada día, a pesar de que era el 40% de su cuenta. Aun así, al final de la primera semana, había conseguido duplicar su saldo inicial, que era de unos 1.200$.

Glosario

Acción

Unidad de propiedad emitida a los accionistas por una empresa.

Análisis técnico

Método para evaluar los valores e intentar anticipar los precios futuros de las acciones basándose en el precio y el volumen.

Apalancamiento

El apalancamiento es una técnica en la que se utiliza capital prestado para multiplicar las ganancias o las pérdidas, y puede aumentar (o disminuir) el rendimiento de la inversión.

Bandas de Bollinger

Este indicador ayuda a los traders a identificar las condiciones de sobrecompra y sobreventa.

Cobertura

Una cobertura se utiliza para limitar las pérdidas y consiste en tomar una posición en un valor que compensa una posición en un valor relacionado.

Comisión de valores y bolsa (SEC)

Comisión gubernamental creada para regular y proteger a los inversores de la manipulación y el fraude.

Comprar y mantener

Estrategia de inversión en la que un inversor compra acciones y las mantiene indefinidamente, independientemente de las fluctuaciones a corto plazo del mercado.

Cotización de nivel I

La cotización de nivel I son las cotizaciones de compra y venta más actuales en tiempo real para cualquier acción.

Cotización de nivel II

Las cotizaciones de nivel II son las cotizaciones de compra y venta más actuales en tiempo real para los creadores de mercado del NASDAQ.

Cotización de nivel III

El nivel III es un servicio de trading que permite a las empresas miembros de la NASDQ introducir cotizaciones y ejecutar órdenes.

Creador de mercado

Un miembro de una bolsa (normalmente se refiere al NASDAQ) que crea un mercado para un valor concreto y se asegura de que haya suficiente liquidez para ese valor.

Cubierta de nubes oscuras *(Dark cloud cover)*

En los gráficos de velas, un patrón de precios bajista en el que una vela negra sigue a una vela blanca larga.

Cuenta de margen

Una cuenta de margen se refiere a un tipo de cuenta de corretaje en la que un cliente puede pedir prestado dinero en efectivo a la empresa de corretaje para comprar valores.

Cuña *(Wedge)*

Gráfico que se asemeja a un triángulo, en el que el precio se va estrechando con el tiempo, pero ambas líneas tienen la misma tendencia pero diferentes pendientes.

Deslizamiento

Cuando se utiliza una orden de mercado, la diferencia entre el precio estimado y el precio de ejecución real.

Divergencia

Cuando el precio de un activo se mueve en la dirección opuesta de un indicador.

Escalar hacia dentro o hacia fuera *(Scale in or out)*

Entrar y salir de una posición significa entrar o salir de una posición en incrementos a medida que el precio sube o baja.

Especialista

Un miembro de una bolsa (normalmente se refiere a la Bolsa de Nueva York) que hace un mercado para un valor en particular y asegura que hay suficiente liquidez para ese valor.

Estocástico

El estocástico es un indicador que ayuda a determinar si un valor está sobrecomprado o sobrevendido.

Estrella fugaz

Se trata de un patrón gráfico de velas que se forma durante una tendencia alcista y que puede señalar una inversión.

Ganancia de capital

Beneficio, o ganancia, que se obtiene cuando un activo, como una acción, un bono o un bien inmueble, se vende a un precio superior al precio de compra original.

Good 'til Canceled (GTC)

Se trata de una instrucción a tu empresa de corretaje para que mantenga activa una orden de compra o venta de un valor hasta que se haya alcanzado el precio límite, aunque tarde días o semanas.

Indicador de mercado

Un indicador de mercado, que puede ser técnico, de sentimiento, fundamental o económico, que genera señales que dan pistas y conocimientos sobre la futura dirección del mercado.

Indicador rezagado

Es un indicador técnico que sigue, o va por detrás, del precio de un valor subyacente.

Indicador técnico

Un indicador que se muestra en un gráfico y que intenta anticipar los futuros movimientos del precio de un valor.

Índice de brazos (TRIN)

Este indicador de amplitud ayuda a identificar las condiciones de sobrecompra y sobreventa.

Llamada al margen

Se trata de una llamada de una empresa de corretaje a un cliente que le exige que pague suficiente dinero en efectivo para satisfacer los requisitos de mantenimiento (y la norma de la Junta de la Reserva Federal, el Reglamento T) para cubrirse contra un movimiento desfavorable de los precios.

Llenar o matar *(Fill or Kill)*

Una instrucción al corredor para que ejecute la orden del trader en su totalidad o la cancele.

Línea de tendencia

Una línea recta que conecta al menos 2 puntos de giro del precio, ya sean 2 mínimos de giro en una tendencia alcista o 2 máximos de giro en una tendencia bajista.

Liquidez

La liquidez se refiere a la rapidez con la que se puede entrar o salir de un valor al mismo nivel de precio.

Media móvil exponencial

Tipo de media móvil que se utiliza para anticipar las tendencias a largo plazo. Muestra el valor medio de los datos subyacentes, donde se da más peso a los períodos de tiempo más recientes.

Mercado bajista

Entorno bursátil en el que los inversores se muestran pesimistas, los precios de las acciones y otros valores caen y los índices del mercado general se han desplomado un 20% o más desde sus máximos.

Mercado fuera de horario

Tras el cierre del mercado regular, el mercado fuera de horario permite a los inversores y traders comprar y vender valores individuales. Este mercado está abierto de las 16:00 a las 20:00 horas (ET).

Opción

Una opción te da el derecho, pero no la obligación, de comprar o vender un valor subyacente a un precio específico durante un período de tiempo específico.

Orden de *buy-stop*

Una orden de compra de un valor que está por encima del precio de venta actual.

Orden de mercado

Es una orden para comprar o vender un valor al precio actual del mercado.

Oscilador

Término utilizado en el análisis técnico que se refiere a un tipo de indicador que se mueve hacia arriba y hacia abajo, u oscila, dentro de un rango de precios.

Patrón del trader intradía

Una designación de la SEC para aquellos que compran y venden un valor al menos 4 veces en un periodo de 5 días y que ahora están sujetos a ciertas reglas, como mantener al menos 25.000$ en una cuenta de corretaje.

Pérdida de capital

Una pérdida que se realiza cuando un activo se vende a un precio inferior al precio de compra original.

Posición larga

Una posición larga significa que el inversor mantiene un valor con la esperanza de obtener beneficios si el precio sube.

Precio de compra (u oferta)

El precio más bajo que un vendedor está dispuesto a aceptar por un valor individual; el precio que se ofrece para la venta.

Precio de oferta

Es el precio más alto que un comprador está dispuesto a pagar por un valor individual. También es el mejor precio que recibirá el vendedor por un valor vendido a precio de mercado.

Put

Una opción de venta es un contrato financiero que da a los compradores el derecho, pero no la obligación, de vender un activo en una fecha determinada si se cumplen ciertas obligaciones.

Rango de negociación

El rango de negociación se refiere a un valor que cotiza entre precios altos y bajos en un gráfico.

Resistencia

En un gráfico de acciones, es un nivel de precios en el que los vendedores impiden que una acción suba más.

Reserva Federal (Fed)

Creada en 1913, la Fed es el sistema bancario central de Estados Unidos, responsable de supervisar la oferta monetaria, los tipos de interés y el crédito.

Retroceso

En un gráfico de acciones, el retroceso significa que el precio de un valor cambia temporalmente de dirección; en otras palabras, es una inversión temporal del precio.

Reversión

En un gráfico de acciones, la inversión significa que el precio de un valor cambia de dirección.

Relación riesgo-recompensa

Relación utilizada por los inversores y los traders cuando el riesgo de una determinada operación se compara con el rendimiento potencial.

Ruptura

Movimiento del precio que se eleva por encima o por debajo del soporte o la resistencia con un gran volumen.

Scalping

Se trata de una estrategia de trading intradía en la que se obtienen beneficios con pequeños movimientos de precios.

Shorting (vender en corto)

Es la práctica de tomar prestadas acciones de una empresa de corretaje y recomprarlas más tarde a un precio más bajo, con la esperanza de obtener un beneficio.

Símbolo del ticker

Son las letras que se utilizan para identificar un valor cotizado en las bolsas.

Sobrecompra

La sobrecompra se refiere a una condición cuando la demanda de un valor es tan fuerte que el precio ha subido demasiado.

Sobreventa

La sobreventa se refiere a una situación en la que la demanda de un valor es tan débil que el precio ha bajado demasiado.

Soporte

En un gráfico de acciones, es un nivel de precios en el que los compradores impiden que una acción siga cayendo.

Spread

La diferencia entre el precio de compra y el de venta de un valor.

Stop mental

Se trata de un *stop-loss* que no se introduce realmente como una orden, sino que se escribe en papel o se recuerda.

Swing trading

Estrategia de trading que busca generar beneficios manteniendo posiciones durante periodos relativamente cortos, a menudo de 2 a 5 días.

Tendencia

La tendencia se refiere a la dirección o movimiento actual de un valor.

Tick

Se refiere al movimiento ascendente o descendente del precio de un valor.

Tiempo y ventas

Tiempo y ventas muestra información sobre la operación más reciente de un valor, incluyendo la hora, el precio y el tamaño del lote.

La tendencia bajista es cuando la dirección general es hacia abajo, y la tendencia alcista es cuando la dirección general es hacia arriba.

Todo o nada (AON)

Instrucción dada a una empresa de corretaje que requiere que las acciones de una orden se llenen completamente o no se llenen en absoluto.

Trading de posiciones

El trading de posiciones es una estrategia de negociación en la que los valores se mantienen de varios días a meses.

Trailing stop

Se trata de una orden automatizada, establecida como un porcentaje o por puntos, que se ajusta al alza o a la baja a medida que el valor avanza o cae, en el precio.

Triángulo ascendente

Patrón alcista que se forma durante una tendencia alcista y se asemeja a un triángulo.

Valor

Un instrumento de inversión como una acción, un bono, un certificado de interés o una opción, por nombrar algunos.

Ventana ascendente

En un patrón de velas, se refiere a cuando el máximo de ayer está por debajo del mínimo de hoy, dejando un hueco, o agujero, en el gráfico de precios diario.

Vela

Un tipo popular de gráfico de precios que muestra el máximo, el mínimo, la apertura y el cierre de cada período de tiempo y que puede utilizarse para dar señales de trading.

Volatilidad

La volatilidad se refiere a la velocidad con la que un valor sube y baja durante un periodo de tiempo.

Volumen

El volumen se refiere al número de acciones de un valor negociadas durante un período de tiempo determinado.

Términos generales

Acciones: Un tipo de valor que significa la propiedad proporcional en la sociedad emisora

Apalancamiento financiero: Se refiere a cualquier enfoque que contenga la utilización de una deuda en lugar de una compra de artículos (capital fresco). La expectativa general del tenedor de capital de esta transacción mantendrá el beneficio después de impuestos.

Especulación: Es la compra de un activo con la esperanza de que se revalorice en breve.

Forex: El mercado de divisas

Griegas: Son las diferentes dimensiones del riesgo que conlleva la toma de una posición de opciones.

Mercado de valores: Es un conjunto de varios mercados y bolsas que crearon una plataforma para actividades como la venta, la compra y la emisión de acciones de empresas que se mantienen públicamente.

Opciones: Son derivados que se basan en el valor de un elemento subyacente, como las acciones.

Opciones de compra (Call): Se trata de un contrato entre el comprador y el vendedor de la opción de compra, normalmente diseñado para intercambiar un valor a un precio determinado.

Opciones de venta (Put): Se trata de un instrumento bursátil diseñado para dar a un inversor/titular el derecho a vender un activo, a un precio determinado, en una fecha concreta a una parte determinada.

Contrato de opciones: Es una promesa que cumple los requisitos para formar un contrato. También indica la facultad del promotor de revocar una determinada oferta

Covered Call: Es una operación en el mercado financiero, que se refiere a que el vendedor de opciones de compra posee la cantidad necesaria para un determinado artículo o producto.

Conclusión

El trading es, sin duda, un esfuerzo en el que hay que confiar. Tener la confianza de que puedes hacerlo será un combustible cuando lo necesites, despejarás las barreras cuando te enfrentes a ellas y te centrarás en lo esencial. Creer es subir la curva educativa.

Por otro lado, la falta de confianza suele ser uno de los aspectos más perjudiciales para la mente de los traders. Cuando llegan las derrotas, ¿cómo vas a volver a centrarte? ¿Qué ocurre cuando empiezas un día con 2, 3 o 4 pérdidas? ¿Vas a dudar de tu sistema, estrategia de trading o conjunto de habilidades?

Ambos ojos pueden ver que la falta de confianza es perjudicial, mientras que la fe nos da una mayor probabilidad de éxito. Aunque lo entendemos conceptual y psicológicamente, nuestras acciones a veces cuentan una historia diferente.

Entonces, ¿cómo vamos a crear confianza en el trading? ¿Qué podemos hacer para tener una creencia inquebrantable en nuestras capacidades? Cuando nos entregamos a cosas específicas, ¿nos van a ayudar a crear una base de ganancias de forma consistente? La respuesta es sí, sin duda, construirás la confianza en ti mismo y en tus habilidades.

Saber es solo la mitad de la batalla. Pero con ello, tienes la oportunidad de luchar con éxito en el mantenimiento de tus activos cognitivos y de la imagen de ti mismo. Tener una imagen de sí mismo fuerte y un equilibrio de capital mental saludable puede conducir a mayores resultados.

Habiendo dicho esto, ¿qué crees que aportará recordar tus éxitos pasados? ¿Crees que va a aumentar tu confianza o que la va a reducir? La pregunta es retórica, pero quiero que empieces a pensar más a fondo en ello.

A lo largo de los años, he trabajado con miles de inversores, y una característica común en la mayoría de ellos es que todos son buenos en algo. El ajedrez, las matemáticas, el fitness, la banca... lo que sea, probablemente sean buenos en algo.

Tenemos más de 50 médicos en nuestras escuelas, muchos de ellos cirujanos. Tenemos estrellas del póquer y ganadores de torneos que quieren dedicarse al trading. Tenemos unos cuantos traders en la Bolsa de Nueva York o en alguna gran mesa de prop, mientras que otros son abogados litigantes de alto nivel. Científicos, desarrolladores, profesionales de la informática, los tenemos a todos, y la lista continúa.

En general, la mayoría de los estudiantes que quieren aprender a hacer trading son inteligentes, lo más seguro es que sean eficaces en su campo actual, y seguramente sean buenos en alguna habilidad. Entonces, ¿cómo vamos a utilizar esto para generar confianza?

Solución: Un método sencillo que puedes utilizar es aprender de lo que ya es bueno. Habla de lo que has pasado para llegar a ello, de los retos que has superado, de las cuestiones que te has encontrado, de las barreras que has cruzado, de las veces que no estabas seguro de poder ser bueno en ello. Y, a lo largo de todo eso, has sido muy hábil.

Fíjate en la confianza que tienes en la ejecución de tu talento o iniciativa. ¿Siempre te has sentido igual que ahora, sobre todo al principio? Al contrario. Pero lo has conseguido, y ahora tienes un nivel profesional de habilidad en ello, ya sea una afición, un deporte, una carrera, un arte marcial, un instrumento musical, un trabajo o una iniciativa. Este conocimiento y experiencia actuales podrían (y deberían) utilizarse en nuestro proceso de negociación.

Y tómate un tiempo para suponer profundamente qué cualidades y características razonables tendrás mejor. Hable de ello hasta que te dé una sensación de confianza para dedicarte a esa tarea y hacerla bien. Recuerda esta impresión y añádela a tu forma de operar.

Escalando montañas: Es esencial recordar que, en algún momento de su vida, todos han superado retos, luchas y han pasado por encima de sus preocupaciones. Tal vez hayan sido cerros bajos, o tal vez hayan sido colinas, pero en cada uno de ellos hemos remontado hasta dónde pudimos llegar, y hemos logrado superar todo a lo largo del camino. La manera fácil de desarrollar la confianza en el trading de divisas es construir la confianza en el trading. Cuando no tienes confianza en tu sistema de trading, es la peor sensación del mundo. Parece que no tienes una misión, y dudas de tu valor como trader.

Lightning Source UK Ltd.
Milton Keynes UK
UKHW022022190421
382278UK00003B/470